LA
SAN[T]É
MENTALE

PRÉVENIR, TRAITER ET RÉADAPTER EFFICACEMENT

1 SYNTHÈSE ET RECOMMANDATIONS

LA SANTÉ MENTALE

PRÉVENIR, TRAITER ET RÉADAPTER EFFICACEMENT

1 SYNTHÈSE ET RECOMMANDATIONS

Québec

Cette publication a été produite par
la Direction générale des publications
gouvernementales

Dépôt légal — 2e trimestre 1985
Bibliothèque nationale du Québec
ISBN 2-551-09060-1

Table des matières

Bibliographie   63

Liste des remerciements   113

Note aux lecteurs

Cet Avis a été développé à la demande du ministre des Affaires sociales du Québec en vue de faciliter le développement d'une politique de santé mentale. D'autres rapports visant la même fin ont en même temps été mis au point par le Comité de la santé mentale du Québec. Ils portent sur
— la notion de santé mentale,
— les expériences étrangères en santé mentale,
— la protection et le développement de la santé mentale des jeunes,
— et les ressources alternatives en santé mentale.

En regard de ce projet du Québec de se doter d'une politique de santé mentale, il convenait certes de faire le point sur l'efficacité des moyens auxquels ont recours les intervenants en santé mentale et d'amasser quelques autres données susceptibles de suggérer pour le moins des études d'efficience dans ce secteur.

L'importance de l'efficacité et de l'efficience en santé est de plus en plus reconnue, ici et ailleurs. C'est ainsi que des collègues belges — qui ont récemment procédé à une évaluation du système de santé de leur pays — présentent comme suit dans leur rapport[1] les critères sur lesquels ils ont cru bon de s'appuyer pour faire leur évaluation:

« Notre bilan sera donc présenté selon les critères suivants:
Nous attendons de notre système de santé,

1. qu'il soit juste dans ses résultats et tende à réduire les inégalités sociales face à la santé
2. qu'il soit adapté à l'être humain, c'est-à-dire qu'il soit à la fois « chaleureux » et favorable à l'autonomie de la personne humaine
3. qu'il soit efficace et efficient. »

---

1 Comité du Germ: « 1945-1984: Vers une politique de santé? Un bilan de notre système de santé », dans *Les Cahiers du Germ*, no 178, 1984.

Revenant sur ces critères, ils précisent ailleurs le sens qu'ils accordent aux concepts d'efficacité et d'efficience:

« Nous attendons de notre système de santé qu'il soit juste socialement, qu'il soit adapté à l'être humain, mais aussi bien sûr qu'il contribue à améliorer la santé de la population (c'est-à-dire qu'il soit « efficace ») et ce au moindre coût (c'est-à-dire qu'il soit « efficient ») ».

Cet Avis — que composent quatre documents[2] — est l'oeuvre principalement de trois des membres du Comité de la santé mentale du Québec, soit du Dr Yves Lamontagne, Directeur du Centre de recherche psychiatrique à l'Hôpital Louis-H. Lafontaine, du Dr Francine Lavoie, Professeure de psychologie à l'Université Laval, et de madame Lise Tessier, Conseillère cadre au Service de la planification et de la programmation du Centre de services sociaux du Montréal-Métropolitain.

Le Comité de la santé mentale du Québec a été créé en 1971. Il a pour mandat général de coopérer à la réalisation des activités de planification dont le ministère des Affaires sociales a la responsabilité dans le champ de la santé mentale. Ses membres sont nommés par le gouvernement du Québec. Ils proviennent du secteur des Affaires sociales, des universités, et incluent des représentants des utilisateurs des services de santé mentale et de leurs familles.

Au moment de l'achèvement de cet Avis sur l'efficacité des modes d'intervention en santé mentale, le Comité est composé comme suit:

Gaston Harnois, président,
Roger Paquet, vice-président,
Ellen Corin,
Nicole Fontaine,
Christine Gourgue,
Frédéric Grunberg,
Michelle FitzGerald,

---

2 Comité de la santé mentale du Québec, *La santé mentale: prévenir, traiter et réadapter efficacement —* Avis sur l'efficacité des interventions en santé mentale
1- Synthèse et recommandations
2- L'efficacité de la prévention
3- L'efficacité du traitement
4- L'efficacité de la réadaptation
Éditeur officiel du Québec, 1985.

Laurent Houde,
Mireille Lajoie,
Yves Lamontagne,
Francine Lavoie,
Maurice Roy,
Guylaine Séguin-Tremblay
et Lise Tessier.
Enfin, Pierre Vendette agit à titre de secrétaire du Comité.

Gaston Harnois
Le 1er janvier 1985

Remerciements

Les principaux auteurs de cet Avis ont bénéficié de très nombreux et très précieux appuis pour sa préparation. On trouvera, à la fin de ce document, une longue liste de personnes et d'organisations auxquelles ils adressent des remerciements. Certaines collaborations ne pouvant être mentionnées pour diverses raisons, les auteurs n'en adressent pas moins à ceux qui en furent responsables l'expression de leur vive reconnaissance.

Introduction

Le vaste et complexe domaine de la santé mentale est à nouveau l'objet de nombreuses interrogations au Québec.

Rien n'échappe, semble-t-il, au questionnement actuel. Et c'est heureux. Rappelons-nous qu'une période d'évaluation aussi intense a permis à ce milieu de connaître une évolution remarquable au début des années soixante. D'ailleurs, n'est-il pas indiqué de se demander si les difficultés qu'il connaît présentement ne découlent pas — pour une bonne part — de l'indifférence qu'on lui a manifestée dans notre société au cours de la dernière décade?

Plusieurs des questions posées ont trait à la valeur des moyens auxquels font appel les intervenants de ce secteur, à la capacité de ces moyens à remplir leurs promesses de prévention ou de résolution de troubles mentaux ou de problèmes psychosociaux.

La prévention en santé mentale, est-ce un mythe, demandent certains? Que valent les psychothérapies, demandent d'autres? Les électrochocs et les médicaments couramment utilisés dans les cas de troubles mentaux sont-ils efficaces? Le traitement et la réadaptation dans la communauté sont-ils des alternatives valables à l'hospitalisation?

Pour commencer à répondre à ces questions nous avons donc travaillé à faire le point sur l'évaluation des modes d'intervention en santé mentale.

Les modes d'intervention en santé mentale chez les adultes

Traditionnellement, l'intervention en santé mentale consistait à traiter divers problèmes psychologiques en établissant d'abord une relation thérapeutique. Cette approche comprenait aussi la médication et parfois l'internement dans un milieu hospitalier. Depuis les deux dernières décennies, la prévention et la réadaptation sont devenues des éléments importants dans l'organisation des soins de santé et se sont ajoutées aux autres modes d'intervention. Notre travail porte donc sur l'évaluation des recherches qui ont été accomplies dans ces trois domaines.

Ainsi le premier volet porte sur la prévention. Dans ce chapitre, la prévention est définie d'abord et avant tout comme les efforts entrepris pour empêcher ou diminuer les probabilités de développement des troubles mentaux ou des problèmes psychosociaux dans la population.

Le second volet porte sur les divers modes de traitement utilisés dans les services de santé. On entend par modes de traitement les principales méthodes d'interventions psychothérapeutiques de même que les interventions pharmacologiques et électroconvulsives.

Enfin, le troisième volet touche à la réadaptation, c'est-à-dire aux efforts visant à réduire les conséquences des troubles mentaux ou des problèmes psychosociaux. Dans ce chapitre, sont particulièrement considérés les efforts récents pour développer des systèmes de support dans la communauté comme alternatives à l'hospitalisation.

Les trois volets sont résumés dans le tableau 1.

Tableau 1

Prévention	**Traitement**	**Réadaptation**
Prévention	Psychothérapies	Interventions familiales
Promotion	Médication	Support dans la communauté
	Électrochocs	

Approche évaluative

Ce travail vise à répertorier et analyser les programmes ayant fait l'objet d'une évaluation systématique. Il limite donc le champ de recherche en excluant les rapports descriptifs ou anecdotiques.

L'évaluation scientifique a pour but de vérifier de façon systématique si, d'une part, un changement avantageux est survenu chez les bénéficiaires et si, d'autre part, le programme ou l'intervention est la cause de ce changement.

En vue de réaliser cette tâche et compte tenu du fait qu'il n'existe aucun standard absolu d'excellence, l'évaluation doit nécessairement comporter une comparaison des comportements ou des résultats obtenus par les bénéficiaires de l'intervention à une ou des mesures suivantes (Wilson et Yager, 1981):

a) *un groupe contrôle* n'ayant pas reçu l'intervention;

b) *un groupe de comparaison* recevant une intervention différente mais visant à atteindre les mêmes buts et objectifs;

c) *un groupe critère* appelé ainsi parce qu'il possède déjà les compétences recherchées;

d) *des données de base* recueillies antérieurement à l'application de l'intervention chez le groupe de bénéficiaires.

Pour conclure à l'efficacité d'une intervention, on se réfère à la mesure de l'atteinte de ses objectifs. Cependant, une appréciation adéquate de l'efficacité ne saurait être faite sans tenir compte des effets secondaires indésirables.

Les avantages de cette approche

Une telle approche évaluative offre de nets avantages dans une démarche de systématisation des connaissances. En effet, elle permet de dépasser le seul jugement subjectif des dispensateurs de services. Elle rend également possible l'identification des ingrédients actifs essentiels à l'obtention de bons résultats dans les diverses interventions. Finalement, une évaluation systématique permet de généraliser les résultats obtenus dans un groupe restreint à une plus grande population.

Les limites de cette approche

Le choix de cette approche évaluative nous oblige à ne pas prendre en considération dans ce rapport certaines interventions prometteuses qui n'ont pas fait l'objet d'études scientifiques.

Même dans les études retenues, certains critères d'efficacité peuvent se révéler partiels ou peu raffinés et ainsi ne pas répondre aux attentes précises des intervenants. Cela représente une autre limite de cette approche.

Enfin, nous devons souligner que notre rapport ne tient pas compte de l'influence des facteurs non spécifiques qui peuvent jouer un grand rôle dans les résultats d'une intervention comme la réputation d'un intervenant, le coût d'un traitement, etc.

Notre méthode de travail

Les trois volets, prévention, intervention et réadaptation, ont fait l'objet d'une approche légèrement différente. En ce qui concerne les travaux sur la prévention, comme ils étaient peu nombreux, nous avons pu utiliser la lecture des textes originaux. Dans le cas des deux autres volets, le nombre très élevé d'articles a empêché d'utiliser cette stratégie; aussi, nous avons eu recours à des articles de synthèse. Il faut enfin préciser que notre recension des écrits commence en général au début des années soixante.

Efficacité en fonction des coûts impliqués

Au cours des dernières années, une nouvelle dimension a été ajoutée au problème de l'évaluation de l'efficacité des psychothérapies. En plus de regarder les mesures traditionnelles des résultats comme la réduction de symptômes ou le fonctionnement social, des efforts ont été faits pour évaluer les coûts relatifs et les bénéfices des différentes approches psychothérapeutiques.

L'analyse la plus extensive de la littérature sur ce sujet revient à Yates et Newman (1980). Cette recherche a mis l'accent sur trois points spécifiques: 1) l'évaluation des variables qui sont reliées à l'administration des soins, 2) la comparaison des programmes de traitement par médicaments et 3) la comparaison des effets de la psychothérapie sur l'utilisation de services médicaux.

En ce qui regarde le premier domaine de recherche, plusieurs études ont examiné les coûts de programmes plus ou moins intensifs dans des hôpitaux psychiatriques. Cinq études concluent que plus la thérapie est intensive, meilleure est la relation coût-efficacité et coût-bénéfice. Sept autres investigations ont comparé des programmes communautaires pour des adultes schizophrènes avec des programmes institutionnels. Ces investigations ont trouvé que, en général, les programmes de traitement communautaire ont un meilleur coût-efficacité et coût-bénéfice que le programme institutionnel. Cela est dû principalement aux différences dans les coûts d'habitation, de nourriture et de supervision de malades dans les hôpitaux. Plusieurs études ont également comparé des services rendus par des professionnels avec ceux rendus par les paraprofessionnels. La plupart de ces études ont démontré que les paraprofessionnels, comme des infirmières ou des parents, peuvent, après un entraînement, traiter des enfants à problèmes et des adultes névrotiques aussi bien que peuvent le faire des professionnels et ce à un coût moindre. Cependant, plusieurs de ces études souffrent de faiblesses méthodologiques diverses. Yates et Newman révisent finalement un dernier domaine: l'effet de la psychothérapie sur l'utilisation de services médicaux. Huit études ont tenté de définir les coûts-bénéfices de la psychothérapie sur l'utilisation des services médicaux. Toutes les études rapportent une réduction dans l'utilisation des services médicaux généraux. Une interprétation suggérée pour la diminution dans l'utilisation de ces services après des contacts psychothérapeutiques minimes est que les patients redéfinissent leur problème comme psychologique plutôt que médical. D'autres auteurs ont démontré que la psychothérapie brève réduisait l'utilisation des services médicaux chez les malades qui se plaignent de désordres psychosomatiques à un point tel que la diminution des coûts en services médicaux dépasse les coûts de la psychothérapie. Enfin, le congrès du gouvernement américain (1980) rapporte qu'une étude de quatre ans a démontré que l'hospitalisation pour des troubles physiques était réduite d'une moyenne de 111 jours à une moyenne de 53 jours par la psychothérapie, ce qui résulte en des épargnes de 1,1 million de dollars qui sont plus grandes que les coûts de la psychothérapie.

Le domaine de l'analyse coût-bénéfice et coût-efficacité représente une innovation technique relativement nouvelle et prometteuse pour analyser les résultats de la recherche en psychothérapie. Par contre, selon le congrès du gouvernement américain, nous avons encore besoin de développement méthodologique avant que ces techniques puissent être utilisées avec une fiabilité reconnue et une validité certaine dans l'évaluation de la psychothérapie.

Conclusion

Même si la recherche sur les psychothérapies comprend encore plusieurs problèmes qui sont reliés à la distribution des malades, à l'utilisation des statistiques, aux mesures d'évaluation et aux protocoles expérimentaux, les données ont démontré de façon empirique que la psychothérapie est efficace avec certaines populations et avec certains problèmes. Il est utile de rapporter ici les conclusions de l'association américaine de psychiatrie publiées en 1982 sur ce sujet :

1. Il existe encore un besoin très important pour de la recherche soignée et systématique sur les effets de la psychothérapie dans diverses conditions. Le système diagnostique actuel n'est pas adéquat pour la recherche sur les psychothérapies.

2. Le second problème porte sur la définition de la psychothérapie. Les thérapies doivent être définies de façon beaucoup plus précise.

3. La psychothérapie comme seule modalité thérapeutique semble être la plus utile dans les conditions comme les névroses, les problèmes de personnalité et les mauvais ajustements. La psychothérapie seule semble moins efficace pour les troubles affectifs majeurs et encore moins pour la schizophrénie.

4. Des études cliniques contrôlées ne sont pas nécessairement la seule méthode valable pour évaluer l'efficacité de la psychothérapie. Il existe un besoin de trouver d'autres approches qui

peuvent être utiles pour développer de nouveaux protocoles de recherche.

5. La plupart des données de recherche actuellement disponibles ne reflètent pas de façon adéquate le travail des cliniciens tel qu'ils le pratiquent. Ceci est surtout vrai pour les psychothérapies à long terme et la psychanalyse qui n'ont pas été évaluées de façon adéquate.

Ce manque d'évidence pour l'efficacité de la psychothérapie à long terme ne doit pas être interprété comme une indication de son manque d'efficacité. Il existe une grande expérience et une grande connaissance cliniques qui ont été accumulées par des praticiens depuis plusieurs années et cela doit être considéré dans l'évaluation globale de la psychothérapie. Même si tous les problèmes pouvaient être résolus, des conclusions non équivoques seront probablement impossibles dans le domaine de la recherche sur la psychotérapie. La psychotérapie est en effet un ensemble complexe d'interactions qui prennent place entre les individus pour une période souvent indéterminée de temps. C'est un processus de rétroaction ouvert en contraste aux interactions fermées qui sont typiques dans la plupart des recherches en laboratoire. Notre objectif ne doit pas être d'atteindre l'ultime vérité, aucun autre domaine ne peut y arriver, mais plutôt de créer un cadre de travail solide qui peut nous permettre de tendre vers la vérité. D'un autre point de vue, nous devons espérer que la recherche nous conduise vers des techniques qui seront de plus en plus utiles pour les malades qui recherchent un soulagement de leur détresse psychologique. Il n'existe aucun sentiment plus grand que la satisfaction de collaborer avec la communauté des chercheurs et des cliniciens dans une entreprise qui peut bénéficier à ceux qui ont besoin d'aide.

On peut se demander enfin si dans un système d'assurance-maladie les décisions, quant aux soins à administrer aux malades, doivent être déterminées en fonction des coûts-bénéfices ou des coûts-efficacité? Rappelons à ce sujet que la plupart des coûts élevés des soins médicaux de nos jours sont attribués à une technologie qui prolonge la vie dans des situations désespérées. Il demeure donc critique de séparer la science de la politique dans le contexte de considérations économiques et éthiques. En analyse finale, la démonstration du degré d'efficacité ne peut être la seule variable qui influence le choix d'un traitement lorsque celui-ci est payé par l'État.

La thérapie électroconvulsive

La thérapie électroconvulsive (électrochocs) est devenue comme un symbole de la façon autoritaire par laquelle des membres troublés émotionnellement dans notre société sont traités par le système psychiatrique. Comme toute autre modalité de traitement, la thérapie électroconvulsive est associée avec certains risques et certains effets secondaires qui doivent être sans aucun doute pris en ligne de compte lorsqu'on doit l'administrer. D'ailleurs, en 1976, le Comité de la santé mentale du Québec publiait un rapport sur la thérapie convulsive ou sismothérapie. Dans ce document, on retrouve les indications et les contre-indications cliniques du traitement électroconvulsif qui sont à peu près universellement reconnues.

Efficacité

L'étude la plus complète sur la thérapie électroconvulsive est sans aucun doute celle du Task Force de l'association américaine de psychiatrie. Pour les désordres affectifs, selon le Task Force Report, la revue des études sur les résultats de la thérapie électroconvulsive montrent que les données utilisées sont bien souvent des études de cas de nature rétrospective et que les études à long terme n'existent pas. Le rapport identifie plusieurs considérations en ce qui concerne les études sur les résultats de la thérapie électroconvulsive dans les désordres affectifs. Parmi celles-ci, le rapport note que les données existantes sur les effets à long terme ne montrent pas que la thérapie électroconvulsive puisse changer le processus naturel des maladies affectives. De plus, l'efficacité de la sismothérapie d'entretien n'a pas été démontrée par des études contrôlées. Finalement, la relation entre le résultat et le nombre de traitements nécessaires reste à définir. Dans les meilleures études où des patients sévèrement déprimés sont traités, le nombre moyen de traitements se situe entre six et neuf.

Quant au traitement de la schizophrénie, les résultats de cette revue donnent comme traitement de choix les médicaments plutôt que la thérapie électroconvulsive. En général, la plupart des autorités dans le traitement de la schizophrénie sont d'accord pour dire que la médication doit être le traitement initial et préférentiel.

Enfin, la thérapie électroconvulsive a été essayée avec presque tous les types de désordres mentaux. Cependant, si on exclut les conditions qu'on vient de mentionner, la sismothérapie n'a pas été très efficace dans le traitement des autres problèmes psychologiques.

Risques et effets secondaires

Les risques et les effets secondaires dûs à la thérapie électro-convulsive ont fortement diminué depuis l'apparition de cette procédure de traitement dans les années 40. Les examens préparatoires comme la radiographie de la colonne vertébrale, la radiographie du crâne et l'électrocardiogramme permettent d'éliminer de nombreuses complications. De plus, l'anesthésie générale élimine le danger de fracture qui était si fréquent auparavant. Enfin, un agent anticholinergique est donné pour prévenir le ralentissement du rythme cardiaque et pour réduire les sécrétions pharyngées. Avec ces précautions, la mortalité actuelle se situe à 1 patient sur 10 000 et elle est surtout secondaire à des complications cardiaques.

Quant aux effets secondaires, mis à part des douleurs musculaires et des maux de tête de courte durée, le principal effet secondaire consiste surtout en des troubles de mémoire. Cependant, les changements survenus dans les dernières décennies font que la sismothérapie est maintenant donnée par une stimulation unilatérale sur l'hémisphère cérébral non dominant. Cette innovation est importante car elle diminue la confusion et les troubles de mémoire qui suivent immédiatement le traitement.

Le mécanisme d'action de la sismothérapie n'est pas encore bien connu. Récemment, certains auteurs ont prétendu que la suppression de l'activité du côté droit du cerveau est le principal mode d'action de la sismothérapie. D'autres chercheurs croient que les convulsions induites de façon électrique modifient la balance des neurotransmetteurs dans le cerveau. Comme on l'a déjà mentionné, la sismothérapie semble donner de meilleurs résultats chez des malades souffrants de dépression sévère et parfois chez des schizophrènes sévèrement retirés. Au cours d'une étude sur la sismothérapie qui a duré huit ans, le National Institute of Mental Health américain a démontré que seulement un patient sévèrement déprimé sur neuf n'a pas répondu à ce traitement. Tous les autres malades étaient encore asymptomatiques au moins un an après le traitement.

La thérapie électroconvulsive au Québec, de 1971 à 1982

L'analyse des données sur la thérapie électroconvulsive au Québec, de 1971 à 1982, nous permet de constater que cette forme de thérapie a régressé pendant cette période. Quel que soit l'indicateur utilisé, il est démontré clairement que l'utilisation de cette forme de traitement a fortement diminué dans la province pendant ce temps (1971 = 28 294 anesthésies pour électrochocs et 1982 = 8 577 anesthésies pour électrochocs). Il est cependant à noter que nos données reflètent celles qui ont été retrouvées dans un autre document du ministère des Affaires sociales daté de 1980 et qui stipule que l'utilisation de la sismothérapie se concentre principalement dans la région de Québec. En 1977, 56,5 % de tous les traitements de sismothérapie du Québec ont été pratiqués dans cette région. En 1982, la région de Québec compte pour 22,8 % d'anesthésies pour électrochocs pour 16,1 % du bassin de la population. Il semble à nouveau que la sismothérapie soit davantage employée dans la région de Québec lorsqu'on tient compte aussi du bassin de population. Les indications plus précises de la sismothérapie, les législations à ce sujet et l'avancement des traitements psychiatriques peuvent expliquer partiellement la diminution dans l'utilisation de la sismothérapie. Cette conclusion peut également s'appliquer au Québec.

Polémique sur la thérapie électroconvulsive

Ceux qui s'opposent à la sismothérapie basent leur argument sur le fait que la procédure endommage le cerveau de façon permanente surtout en ce qui a trait à la mémoire. Les troubles de mémoire récents surviennent sans aucun doute, mais ceux-ci durent habituellement peu de temps. Seulement dans de rares cas, rapporte le docteur Melvin Sabshin de l'association psychiatrique américaine, les pertes de mémoire durent plus longtemps. Selon le docteur Peterson de l'Hôpital D'Oakland, les campagnes contre la sismothérapie représentent le rejet d'une autre ère de la psychiatrie : « Les gens qui sont maintenant fâchés ont reçu pour la plupart de la sismothérapie depuis plus de 20 ans et fort probablement dans des conditions défavorables et sans un consentement informé ». La loi en Californie demande actuellement que les malades sachent à l'avance les possibilités de perte temporaire de mémoire. Plusieurs psychiatres américains soutiennent que ceux qui protestent contre la sismothérapie représentent une minorité. Une enquête récente démontre que la grande majorité des malades qui ont reçu de la sismothérapie croient que cette procédure leur a été bénéfique. Selon le docteur Sabshin, si on abolit l'utilisation de la sismothérapie en Californie, cette procédure enlèvera aux malades leur droit à un traitement efficace et établira un précédent dangereux. Il conclut que les problèmes médicaux sont rarement résolus par les politiciens.

Conclusion

Il semble évident au comité qu'il faut prôner la recherche sur des traitements moins draconiens que la thérapie électroconvulsive pour les malades mentaux. De plus, l'uniformisation des indications et d'un protocole bien défini à l'échelle de la province pourrait au moins aider à diminuer les disparités régionales évidentes dans notre province et à faire en sorte que les malades soient mieux traités.

Les médicaments

L'efficacité de la pharmacothérapie semble clairement évidente dans le traitement de la schizophrénie, de l'anxiété, de la dépression et de la psychose maniaco-dépressive. Il faut dire que la recherche en pharmacologie clinique est plus avancée que la recherche en psychothérapie et qu'il est plus facile, dans ce type de recherche, d'obtenir des groupes contrôles et des groupes de comparaison. Les médicaments utilisés dans les traitements psychologiques peuvent être catégorisés de la façon suivante:

1. Les neuroleptiques ou tranquillisants majeurs qui sont surtout utilisés dans le traitement de la schizophrénie et de la psychose maniaco-dépressive.
2. Les anxiolytiques ou tranquillisants mineurs surtout utilisés comme traitement de l'anxiété.
3. Les antidépresseurs qui, comme leur nom l'indique, servent dans le traitement de la dépression.
4. Le lithium surtout utilisé dans la dépression sévère et dans la psychose maniaco-dépressive.

Efficacité des médicaments

En ce qui regarde les neuroleptiques, leur efficacité semble clairement évidente dans le traitement de la schizophrénie, selon les études consultées. Il demeure quand même que d'autres études doivent être entreprises, principalement pour comparer l'efficacité de la combinaison de traitements pharmacologiques et psychothérapeutiques dans le traitement de cette maladie. À ce sujet d'ailleurs, l'état des connaissances sur les interactions entre les médicaments et la psychothérapie est encore faible. En ce sens, les effets des médicaments, des psychothérapies et de leur combinaison devraient être évalués en fonction des différents diagnostics, des problèmes cibles et des types de patients.

Quant aux anxiolytiques ou médicaments contre l'anxiété, de nombreuses études ont démontré la supériorité de ces médicaments par rapport au placebo lorsqu'il s'agit de réduire l'anxiété. La nature de l'amélioration produite par les anxiolytiques va plus loin qu'une simple réduction de l'anxiété. On a également trouvé que les anxiolytiques étaient utiles dans le sevrage alcoolique, dans le traitement de certains genres de crises continues et dans une variété de troubles neuromusculaires. Ces mêmes médicaments servent également de prémédication aux interventions chirurgicales comme anesthésiques intraveineux au cours d'interventions chirurgicales mineures et dans une variété de tests diagnostiques généralement administrés dans les hôpitaux.

La dépendance et l'apparition de symptômes de sevrage sont des faits reconnus après administration de doses thérapeutiques d'anxiolytiques. Néanmoins, peu d'études systématiques ont été effectuées sur les problèmes associés au sevrage découlant d'un usage normal et il est extrêmement difficile de donner des chiffres quant au nombre de personnes qui dépendent à l'heure actuelle des médicaments anxiolytiques. Selon une étude, l'incidence élevée des symptômes de sevrage laisse supposer qu'une proportion importante de malades qui consomment des anxiolytiques de façon chronique sont pharmacologiquement dépendants. La thérapie à court terme, d'une durée inférieure à quatre semaines, ne produira pas de dépendance, croit-on, ni de problème de sevrage.

En ce qui a trait aux médicaments antidépresseurs, de plus en plus certaines recherches tendent à démontrer qu'il existerait des causes physiques à la dépression sévère. Il est évident que d'autres recherches doivent être faites dans ce domaine dont les résultats semblent prometteurs. Quant à la dépression légère ou réactionnelle, peu d'études ont malheureusement été faites de façon scientifique pour évaluer l'efficacité soit de la médication, soit de la psychothérapie seule ou en combinaison, pour le traitement de ce type de dépression. Les recherches dans ce domaine sont donc à encourager.

Enfin, l'apparition du lithium sur le marché a modifié de façon très positive le cours de la psychose maniaco-dépressive. Il est à souhaiter que la recherche continue dans ce domaine afin de trouver de façon plus précise les causes organiques qui pourraient expliquer cette pathologie et d'affiner le traitement par ce médicament autant dans la manie que dans la dépression sévère, soit seul ou combiné à d'autres médicaments.

Troisième partie

L'efficacité du support dans la communauté et des interventions de réadaptation chez les adultes ayant des troubles psychiatriques majeurs

La question des alternatives à l'hospitalisation n'est pas une question récente. Déjà au milieu des années cinquante (plus tôt en Grande-Bretagne) le nombre d'hospitalisations avait commencé à diminuer sans que l'on sache précisément pourquoi.

D'une part, on avait commencé à prendre conscience du surpeuplement de l'asile et des effets négatifs de l'hospitalisation à long terme, c'est-à-dire dépendance de l'institution, régression progressive, identification au rôle de « malade », aliénation de la famille (effets documentés entre autres par Goffman en 1961 et Gruenberg en 1967). On espérait donc en évitant l'hospitalisation au début éviter ses séquelles négatives et régler le problème du surpeuplement et des coûts croissants.

Un second argument a été mis en valeur par les études de Fairweather (1964) durant les années cinquante. Elles ont fait la démonstration qu'améliorer la qualité du traitement hospitalier (et par le fait même le degré de satisfaction du personnel et des patients) n'avait que peu d'effets sur le fonctionnement du patient à sa sortie de l'hôpital et qu'amélioration des symptômes ne coïncidait pas nécessairement avec l'amélioration du fonctionnement social. Les conclusions en furent qu'il fallait donc travailler l'amélioration du fonctionnement social directement dans la communauté.

Bien sûr, l'introduction des psychotropes au milieu des années cinquante a été un facteur important permettant à un plus grand nombre une vie autonome dans la communauté. À un point tel que certains en sont même venus à prédire qu'on en arriverait bientôt à pouvoir fermer définitivement l'hôpital psychiatrique.

Mais il fallut bientôt déchanter. Gruenberg (1967) qui avait contribué à identifier les effets négatifs de l'hospitalisation dut admettre que le « Social Breakdown Syndrome » se produisait aussi dans la communauté. Wing (1978a) fit la preuve que le traitement dans la communauté n'avait pu empêcher une nouvelle génération de personnes de développer des incapacités chroniques, ce qu'il appelle les « New long-stay » patients.

On s'est aussi rendu compte que souvent une autre ressource se substituait naturellement à l'asile avec comme résultat un déplacement du problème plutôt que sa résolution : transfert vers les Centres d'accueil pour personnes âgées, encombrement des prisons, accroissement substantiel du nombre d'itinérants avec troubles psychiatriques.

Devant cet état de fait, et depuis le début des années 1970, une littérature imposante s'est développée pour alimenter le débat sur la désinstitutionnalisation et le maintien des patients psychiatriques dans la communauté. Certains auteurs ont fait une revue exhaustive des antécédents historiques et des enjeux actuels : Becker et Schulberg (1976), Bachrach (1976, 1983). D'autres ont fait une revue systématique des programmes alternatifs à l'institutionnalisation qui ont fait l'objet d'une évaluation rigoureuse : Anthony (1972-1978), Test et Stein (1978a), Mosher et Keith (1980), Braun et al. (1981), Kiesler (1982a et b), Straw (1982), Gaston et Hodgins (1983), Riesman et al. (1977), Herz (1982), Weiss et Dublin (1982), Luber (1979), Di Bella et al. (1982). D'autres encore ont étudié l'hébergement protégé : Apte (1968), Cometa et al. (1975), Carpenter (1978), Goldmeir et al. (1977) et certaines mesures de réadaptation : Marzillier (1978) et Wallace (1980) pour l'entraînement aux habilités sociales, Block (1970) pour l'entraînement au travail. Enfin, dans les toutes dernières années, on a amorcé une certaine conceptualisation de l'ensemble des interventions qui semblent nécessaires au malade mental à long terme : Turner (1979), Anthony (1979), Lamb (1971 et 1982) aux États-Unis, Quider et Got (1982) en France, Wing (1981) et Bennett (1984) en Angleterre. On a aussi commencé à spécifier le type de traitement requis par certaines clientèles cibles, en particulier les jeunes adultes.

Le débat est très chaud entre tenants et opposants de la désinstitutionnalisation. Mais existe-t-il une évidence scientifique suffisamment solide pour ouvrir des pistes d'avenir ? C'est la question à laquelle nous avons essayé de répondre en amorçant cette recension des écrits.

Nous avons donc recensé les projets de recherche expérimentaux ou quasi expérimentaux traitant des alternatives à l'hospitalisation traditionnelle et ceux traitant des alternatives aux cliniques externes actuelles et ce afin de déterminer s'il existe un certain nombre de balises fiables. Nous avons aussi revu ceux qui, sans avoir le même schème expérimental, ont tenté de mettre en pratique sur une large échelle les leçons apprises de ces projets expérimentaux.

Après avoir étudié les résultats de ces divers projets, nous en tirerons des leçons pour l'intervention et compléterons ce matériel par des études qui testent directement un certain nombre d'interventions ou qui permettent de faire des hypothèses sur des types d'intervention qui devraient être expérimentées.

1. Résultat de la désinstitutionnalisation

Alternatives à l'hospitalisation traditionnelle

La question qui se pose ici est de savoir s'il est possible de trouver des alternatives à l'hospitalisation qui soient au moins aussi efficaces en terme de réduction des symptômes et d'amélioration du fonctionnement social du patient sans pour autant augmenter le fardeau sur la famille ou l'entourage immédiat et à des coûts directs et indirects moindres.

D'autres indicateurs d'efficacité sont parfois utilisés comme :
— la quantité de médicaments ;
— le degré de satisfaction subjective ;
— les modes d'adaptation ;
— la capacité de vivre seul ou avec des pairs ;
— les activités de loisir ;
— le degré d'estime de soi ;
— le degré d'atteinte des objectifs de traitement ;
— la capacité de se révéler (self disclosure) ;
— la qualité de vie.

Les alternatives évaluées sont de quatre types : celles qui diminuent la durée de l'hospitalisation traditionnelle (hospitalisations brèves), celles qui se traduisent par une hospitalisation partielle (hôpital de jour), celles qui sont carrément des alternatives à l'hospitalisation (programmes en externe enrichis ou programmes communautaires) et celles qui sont des alternatives à une hospitalisation à long terme (c'est-à-dire qui visent la désinstitutionnalisation de patients après un séjour hospitalier très long).

Ce secteur de recherche est un de ceux qui ont été les plus investigués et un de ceux où les conclusions des études sont les plus congruentes d'une recherche à l'autre. C'est aussi un secteur où les recherches ont été les plus soumises à une analyse critique et où réviseurs et investigateurs s'entendent le plus sur l'interprétation des résultats.

Ces études sont d'une qualité supérieure parmi les recherches en santé mentale : elles ont en commun d'avoir été conçues selon un protocole expérimental avec allocation au hasard des sujets dans les groupes de traitement et utilisation comme groupe contrôle d'un service hospitalier généralement au-dessus de la moyenne du point de vue de l'intensité de l'intervention.

Les critères d'exclusion sont majoritairement les mêmes : patients sans famille ou personne significative dans leur vie, patients homicidaires, ou suicidaires, ou alcooliques, ou toxicomanes, personnes souffrant d'une maladie physique grave, ou handicapées intellectuellement, personne résidant hors secteur ou personnes âgées de plus de 65 ans. Comme critères d'inclusion, les sujets ont en commun d'avoir été jugés en besoin d'admission à l'hôpital, c'est-à-dire présentant des symptômes jugés aussi graves que ceux des patients qui sont hospitalisés.

Les structures organisationnelles et les modalités de traitement de même que la clientèle visée sont variées d'une recherche à l'autre. Cependant, indépendamment de la façon d'actualiser les modalités de traitement, tous utilisent l'intervention de crise (disponibilité du service 24 heures sur 24, pas d'attente), la médication et le traitement individuel pour le patient ainsi que l'intervention familiale ou auprès de l'entourage le plus significatif du patient. L'hébergement protégé est parfois une composante du programme de même que des services de réadaptation.

Straw (1982), qui a fait une méta-analyse de ce type de recherches dans leur ensemble en utilisant des tests statistiques pour mesurer la force des résultats, en arrive aux mêmes conclusions que les autres : il n'y a pas de différences entre les programmes alternatifs et le traitement à l'interne en terme de diminution des symptômes, de fardeau sur la famille et une différence minimale en terme d'ajustement global des patients qui bénéficient du programme expérimental. Par contre, en terme de taux de réhospitalisation, de jours passés à l'hôpital et de résultats au niveau du travail, les résultats sont nettement supérieurs dans les programmes alternatifs. Cependant, les quelques études qui ont fait des follow-up au-delà de la période expérimentale (environ 2 ans) indiquent que les acquis ne se sont pas maintenus très longtemps après la fin des interventions.

Si l'on regarde de plus près les différents types d'alternatives, l'hôpital de jour et les programmes en externe enrichis ont des résultats légèrement supérieurs à l'hospitalisation brève particulièrement au niveau des taux de réhospitalisation et d'emploi. On pourrait avancer l'hypophèse que ce résultat est lié au fait qu'un plus grand nombre de ces programmes ont une composante de réadaptation. Il faut noter aussi qu'aucun de ces programmes n'est *moins* efficace que l'hospitalisation.

Six des sept recherches qui ont effectué des études de coût rapportent des coûts moindres pour les projets expérimentaux, différence due principalement à l'absence d'hospitalisation en début d'expérimentation et à un taux de réhospitalisation plus bas.

Nous avons indiqué, sous forme de tableau, dans un autre document[1], les limites d'interprétation pour chacune de ces études de même que les détails du schéma expérimental et des résultats. Nous avons inclus dans ce tableau *l'ensemble* des études repérées jusqu'à maintenant tant par notre propre recherche bibliographique que par les revues de Test et Stein (1978), Braun et al. (1981), Kiesler (1982) et Straw (1982). Elles ont toutes des limites méthodologiques plus ou moins importantes. Cependant, ce qui fait leur force est, tel que mentionné plus haut, la consistance des résultats d'ensemble et le schéma expérimental ou quasi expérimental utilisé.

La principale limite à la généralisation de ces résultats provient des critères d'exclusion utilisés. Les conclusions ne sont valides que pour les patients inclus dans la recherche ce qui peut varier entre 55 % (Fenton, 1982) et 75 % (Stein et Test, 1978) de l'ensemble de la clientèle d'un C.H.C.D. alors qu'on ne possède pas d'indications pour les C.H. à vocation psychiatrique.

L'autre limite importante à la généralisation des résultats est la constatation que les résultats ne sont maintenus qu'en autant que l'intervention existe (Davis, 1974 ; Stein et Test, 1978 ; Weinman et Kleiner, 1978). Une hypothèse pour expliquer cette constatation est liée à la nature de la maladie mentale et à la nature de l'intervention. Il fait percevoir le malade mental comme ayant une déficience à long terme qui peut nécessiter des supports à vie et des interventions directes et à long terme pour le maintien des acquis. Il est vulnérable à toute situation de stress. C'est pourquoi tous les projets expérimentaux avaient comme composante essentielle du programme l'intervention de crise et une disponibilité 24 heures sur 24. Comme

---

1 Voir le tome IV, Tableau 3 de cet Avis.

la théorie nous l'apprend[1], l'intervention de crise permet d'endiguer rapidement une situation qui autrement peut engendrer des effets négatifs cumulatifs.

Un autre constat est que tous ces projets expérimentaux ont été initiés par des professionnels très motivés à prévenir l'hospitalisation et ayant développé la structure de services en conséquence avec le support d'un bailleur de fonds sympathique.

Toute généralisation qui ne réunirait pas ces conditions risquerait d'échouer.

Enfin, même les programmes communautaires réussis ont dû assumer un pourcentage minimal d'échec (réhospitalisation long terme). Ce taux est bas mais il implique un certain nombre de patients pour lesquels il faut prévoir d'autres types de solution.

Bref, il est possible de traiter les patients dans la communauté beaucoup plus que nous ne le faisons maintenant à certaines conditions et entre certaines limites. Cependant, il est impossible sur la base des résultats présentés de penser à fermer l'asile (ou son équivalent) de même que le département de psychiatrie des C.H. C.D.

Dans le cadre d'une politique de santé mentale, il devient donc important d'estimer la prévalence, à un niveau local, des personnes en besoin de programmes de support communautaire[2] et d'identifier à un extrême ceux qui peuvent bénéficier de traitement, d'intervention familiale et d'intervention de crise seulement et à l'autre ceux qui auront toujours besoin d'institutionnalisation ou son équivalent, c'est-à-dire ceux pour lesquels la société doit assumer trois fonctions asilaires, soit la protection du dépendant, le contrôle du déviant et faire la démonstration de sa capacité de traiter.

Alternatives au traitement traditionnel en externe

Le traitement traditionnel en externe

Pour traiter des alternatives au traitement traditionnel en externe, il faut d'abord se replacer dans le contexte de ce qu'est le traitement traditionnel en externe. Straw (1982) le définit en se basant sur diverses narrations qu'on peut trouver dans la littérature. En général,

---

1 Voir entre autres Caplan (1983) in Principles of Preventive Psychiatry N.Y., Basic Books pour une conceptualisation de l'intervention de crise.

2 H.V. Szymanski, H.C. Schulberg, V. Salter, N. Gutterman (1982), Estimating the Local Prevalence of Persons Needing Community Support Programs, Hosp. and Co. Psychiatry 33 (5).

les patients sont vus individuellement en clinique externe pour une brève thérapie de support et un contrôle de la médication. Ces services sont fréquemment assumés par une infirmière ou un résident en psychiatrie. Il ne faut cependant pas négliger le fait qu'un nombre substantiel de patients ne reçoivent aucun service. En effet, la réception de services à l'externe se fait sur une base volontaire. Par ailleurs, les familles des patients sont rarement vues et lorsqu'elles le sont, c'est généralement dans l'optique d'obtenir un complément d'information permettant de poser un meilleur diagnostic et d'assurer un meilleur traitement du patient plutôt que de répondre à leurs besoins propres d'information, de support et d'éducation. Dans ce contexte, il est probable qu'un certain nombre de patients négligent de prendre leur médication et que le contrôle des effets des médicaments ne se fasse pas toujours d'assez près. Cette réalité du traitement externe traditionnel rend plus difficile l'évaluation de son efficacité. Avant de pouvoir déterminer si les traitements innovateurs sont plus efficaces que la médication seule, on doit d'abord évaluer l'efficacité de la médication (comparée à un placebo), sans quoi il est possible que ce qu'on croit être l'effet du traitement innovateur ne soit en réalité que celui de la médication.

Efficacité de la médication

Il ressort de l'analyse que Straw (1982) fait des études sur la médication qu'elle a un effet positif très important sur la réduction des symptômes. L'effet sur le taux de réhospitalisation est cependant beaucoup plus bas[1].

Les alternatives au traitement traditionnel en externe

Les études recensées décrivent trois types de programmes qui ajoutent au traitement traditionnel à l'externe tel que décrit précédemment:
— ajout minimal (31 études);
— hôpital de jour (hospitalisation partielle) (6 études);
— programmes complets et intégrés (7 études).

— Ajout minimal

Il s'agit ici en général de l'ajout d'interventions thérapeutiques auprès du patient. Ces interventions peuvent être individuelles ou de

---

1 Voir le tome III de cet Avis pour une analyse beaucoup plus détaillée des effets de la médication.

groupes. Occasionnellement, une thérapie familiale ou de crise est pratiquée.

Selon Straw (1982) ce type d'interventions, comme les deux autres types qui suivront, ajoutent peu à l'effet de la médication pour diminuer le taux de réhospitalisation (« effect size » entre 0,3 et 0,4 contre un « effect size » de 0,21 pour la médication comparée à un placebo).

Cependant, si on considère les autres critères d'efficacité généralement utilisés dans leur ensemble, il existe un écart important entre les programmes classés « ajout minimal », l'hospitalisation partielle, de même que les programmes complets et intégrés. Dans le premier cas, toujours selon Straw, les « effect sizes » moyens varient entre 0,16 et 0,42 alors que pour les programmes complets et intégrés, ils se situent autour de 0,53 ce qui correspond à peu près à une différence de 25 % ce qui est considéré comme un accomplissement majeur dans le domaine de la santé mentale.

— Hôpital de jour (hospitalisation partielle)

Historiquement, cette modalité de traitement a été utilisée avec des *clientèles hétérogènes*. Les objectifs poursuivis n'étaient pas toujours clairs et il n'était pas toujours possible de mettre en place des moyens et de déterminer des objectifs pour une clientèle aussi diversifiée.

En conséquence, c'est une modalité de traitement qui devenait de moins en moins utilisée.

Or, le phénomène de désinstutionnalisation et l'engagement de plus en plus grand des professionnels envers la clientèle psychiatrique chronique a commencé à changer tout cela — du moins aux État-Unis. Il existe encore beaucoup de confusion autour de la définition de l'hospitalisation partielle, mais on s'oriente de plus en plus vers des programmes spécialisés visant des *clientèles homogènes* et on parle d'approche stratifiée à la programmation (Washburn et Conrad, 1979). C'est ainsi que Klar, Frances et Clarkin (1982) identifient trois modalités d'hopitalisation partielle pour trois types de clientèle différente :

— l'hospitalisation partielle intensive ;

— l'hospitalisation partielle pour soins chroniques ;

— l'hospitalisation partielle avec programmes de réadaptation.

a) L'hospitalisation partielle intensive

Utilisée comme alternative à l'hospitalisation, elle vise l'établissement d'un diagnostic et l'évaluation des troubles psychiatriques aigus, la stabilisation de la symptomatologie aiguë et l'identification des facteurs précipitants dans l'environnement. Elle est d'une durée d'un à quatre mois. Elle offre l'avantage de préserver l'estime du patient pour lui-même en le maintenant dans la communauté tout en évitant la stigmatisation du statut de patient.

Les auteurs s'entendent pour reconnaître les avantages de l'hospitalisation partielle conçue de cette façon sur l'hospitalisation traditionnelle : coût plus bas et, généralement, une réaction favorable de la famille (Herz 1982, Wilder 1966, Washburn 1976).

b) L'hospitalisation partielle pour soins chroniques

Elle est caractérisée par des attentes limitées envers le patient, une tolérance élevée aux symptômes et une approche de traitement concrète et pratique. Le *ratio personnel/patient est bas* et la présence du psychiatre n'est pas requise de façon constante. Ce programme est accessible au patient *à vie* et il peut en entrer ou en sortir à sa guise.

L'étude de Linn et al. (1979) s'est penchée sur l'efficacité de ce type de programme. Ceux offrant plus de thérapie occupationnelle étaient associés à des rémissions plus longues des patients, une réduction des symptômes, des modifications d'attitudes des patients, des admissions relativement plus longues et moins d'abondance de traitement « turnover ». Les programmes qui offraient plus de thérapie de groupe et disposaient de plus de temps de personnel professionnel étaient associés à de mauvais résultats et à un turnover élevé de patients. Les programmes dont les coûts étaient les plus élevés étaient généralement ceux dont les résultats étaient moindres.

c) L'hospitalisation partielle avec programmes de réadaptation

Ce type d'hospitalisation partielle s'adresse à une population diversifiée de patients ayant en commun des déficiences majeures au niveau du fonctionnement social ou vocationnel causé par des troubles sévères de la personnalité ou des vestiges d'épisodes psychotiques qui sont partiellement en rémission.

Ce type de programme fournit traitement et réadaptation *de façon plus intensive que possible dans une clinique externe traditionnelle*. Les objectifs élevés et les attentes de changement créent une atmosphère qui tolère peu les symptômes. Le temps des patients est très structuré et le personnel est de garde la nuit et les fins de semaine. L'accent est mis sur le développement et la réacquisition d'habiletés qui favorisent le retour au travail et permettent d'assumer un rôle familial; ceci inclut des techniques de thérapie brève, de la thérapie de groupe et familiale ainsi que de la médication. Souvent ces programmes opèrent dans des lieux autres que l'hôpital général, les patients sont visités par les médecins plusieurs fois par semaine pour surveiller la médication. Les patients généralement requièrent de 4 à 8 mois de traitement. Ils sont requis de se présenter cinq jours/semaine, six heures par jour. Une seule étude (Meltzoff et Blumenthal, 1966) compare ce type de programme à une clinique externe. Dix-huit mois après le congé, les patients bénéficiant du programme expérimental avaient plus de chance d'être employés, moins de chance d'être réhospitalisés et avaient moins de symptômes que ceux traités en clinique externe.

En résumé, il demeure encore beaucoup de confusion autour de la définition de l'hospitalisation partielle ce qui rend le petit nombre d'études existantes peu comparables entre elles. On s'entend cependant pour dire que les programmes d'hospitalisation partielle sont au moins aussi efficaces que l'hospitalisation traditionnelle pour traiter les patients psychotiques qui ne présentent pas de risque de violence contre eux-mêmes ou contre autrui et supérieurs au traitement en clinique externe pour les schizophrènes chroniques qui s'améliorent beaucoup plus au niveau de l'adaptation sociale et de l'adaptation au travail (Moskowitz, 1980; Greene, 1981; Herz, 1982; Hersen, 1979; Weiss et Dubin, 1982).

D'un point de vue coût-bénéfice, l'hospitalisation partielle conçue de cette façon est nettement supérieure à l'hospitalisation traditionnelle (Langsley, 1964; Herz, 1971; Washburn, 1976; Guillette, 1978; Fink, 1978; Guidy, 1979; Krowinsky et Fitt, 1978).

— Programmes complets et intégrés[1]

Nous avons déjà souligné les résultats d'ensemble nettement supérieurs à la moyenne de ces types de programme. Ils sont aussi parmi ceux qui ont la durée de vie la plus longue: la « Lodge Society » de Fairweather a fêté son vingt-cinquième anniversaire il y a quelques années et la Fountain House de New York est en existence depuis la fin des années cinquante.

---

[1] Voir le tome IV, Tableau 4, de cet Avis pour le détail du schéma expérimental et des résultats de ces études.

Programmes cherchant à généraliser les innovations

La majorité des programmes dont nous venons de décrire les résultats ont été créés pour tester diverses modalités de traitement dans la communauté, ont été financés partiellement avec des fonds de recherche et se sont terminés après une phase d'expérimentation variant de 6 mois à 5 ans. Seuls les programmes complets et intégrés se sont prolongés au-delà de la phase expérimentale.

La question suivante était de savoir si une fois démontrée la faisabilité, il était possible de généraliser les résultats. C'est la question à laquelle l'expérience de Sacramento voulait répondre.

L'expérience de Sacramento

Sacramento était un comté de 700 000 habitants avec 5 centres communautaires de santé mentale. Il s'agissait d'un comté qui envoyait un grand nombre de ses résidents aux hôpitaux d'état (1 100 par année) et avait 750 patients dans le système hospitalier en 1968. Le programme avait un seul centre de crise ouvert 24 heures par jour avec un *personnel professionnel motivé à éviter les hospitalisations inutiles*. Ce centre de crise était situé dans le service d'urgence de l'hôpital du comté. Durant la journée, il était possible de recevoir un traitement immédiat sur demande à chacun des centres communautaires et à plusieurs « outreach centers ». Des programmes spécialisés furent établis pour les patients chroniques (de même que pour les enfants, les personnes âgées et d'autres populations sans services). Depuis 5 ans, le nombre d'admissions aux hôpitaux d'état était passé de 1 100 par année à 30 à 40. En établissant un *lien étroit* entre les programmes de traitement communautaire et le système hospitalier, le nombre de patients à l'interne passa de 750 à 25.

Les principes et le support communautaire reçus par le programme sont décrits de la façon suivante:

> « The Sacramento program was based on principles of commitment to serving the needs of all patients; accessibility of all services; use of a multidisciplinary mental health team, with an appropriate role for each discipline; a continuum of specialized services for the chronic mental patient; aggressive and continuous follow-up; the use of the CMHSs for professional education; commitment to aggressive public education and information services; and an active program evaluation unit to monitor needs and assess the impact of services rendered. This new program (which featured crisis intervention as an important alternative to hospitalization) achieved a high degree of community accep-

tance, both public and political, and was treated positively by the media. This community support was best explained by the simple fact that the program worked, as evidenced by several indices: evaluation studies showing that individuals with a psychotic diagnosis were receiving equal or higher levels of treatment than neurotics, the small number of patients being referred to state mental hospitals, positive feedback from licensing and inspection agencies, low frequency of consumer complaints and high frequency of positive feedback, and positive cooperation from law enforcement groups. The Sacramento experience was felt to be an indication of the usefulness of crisis intervention for avoiding hospitalization in truly largescale service systems as well as in the pilot demonstration project in Denver »[1]

2. Processus de désinstitutionnalisation

Leçons pour l'intervention à dégager des programmes réussis

Nous avons déjà identifié certains facteurs communs aux programmes réussis:

1. Leadership professionnel, engagé envers le malade chronique, et motivé à trouver des solutions dans la communauté. Ce leadership est supporté par un financement approprié.

2. En terme d'intervention:
   • Médication appropriée
   • Support au patient et intervention familiale
   • Intervention de crise et lien avec l'équipe psychiatrique
   • Continuité des services assurée à long terme
   • Hébergement protégé et réadaptation dans un certain nombre de cas, que ce soit dans un Centre de réadaptation psychosocial ou dans un hôpital de jour avec programmes spécialisés pour ce type de patients
   • Un nombre limité de programmes a utilisé des non-professionnels comme intervenants

3. En terme de coûts:
   — il est possible de maintenir 55 à 75 % des patients dans la communauté au lieu de les hospitaliser, et cela à des coûts beaucoup moindres et pour des résultats égaux

---

1 Le Boston State Hospital a fait une expérience de désinstitutionnalisation intéressante, échelonnée sur une période de 15 ans et décrite dans Stein et Test (ed), *Alternatives to Mental Hospital Treatment* (1978).

— pour les patients les plus chroniques, une hospitalisation partielle avec ratio personnel/patient très bas est aussi une alternative économique et bénéfique

— entre les deux, pour les patients qui ont besoin de réadaptation active et d'hébergement protégé, les coûts sont au moins égaux et peuvent être plus élevés mais le résultat est en proportion de l'intensité et de la durée de l'intervention.

Nous avons aussi déterminé que le traitement traditionnel n'incluait pas tous ces éléments.

En conséquence, le maintien dans la communauté des patients psychiatriques requiert un changement important des mentalités des professionnels avec réaménagement organisationnel approprié et un certain investissement de fonds. Les balises sont là. Il reste à faire l'analyse de la situation du Québec en rapport avec ces repères et à prendre les décisions appropriées. Les changements désirés appellent aussi une réorganisation de l'enseignement universitaire en conséquence.

Autres résultats de recherche qui viennent corroborer les leçons tirées des programmes réussis

Médication appropriée

Il semblerait (Engelhart et Rosen, 1982) qu'un certain nombre d'études bien contrôlées menées auprès de *patients hospitalisés* aient démontré que les patients traités au moyen d'une médication active obtiennent plus souvent et plus rapidement leur congé de l'hôpital que ceux ayant reçu un placebo. Pour appuyer cette conclusion, les auteurs se réfèrent à Cole et Davis (1969), Efron et al. (1968), Klein et Klein (1968), Engelhart (1974), Gittelman-Klein et Klein (1968), Klein et Davis (1969). Des études plus récentes laissent entendre que l'efficacité d'une pharmacothérapie pourrait être fonction du degré de compétence des patients; ces études ont en effet démontré que les phénothiazines, une catégorie de neuroleptiques, sont surtout efficaces chez les patients jugés peu ou non compétents (Erans et al. 1972, Saenger 1970, Engelhart et Freeman 1965, Rosen et al. 1968, 1971). La compétence est ici définie en terme de degré de scolarité, d'emplois antérieurs et de statut marital.

Par contre, les résultats de recherche sur la médication utilisée par des *patients suivis en externe* sont moins clairs.

Intervention familiale

Les programmes réussis ont tous démontré qu'ils diminuaient le fardeau sur la famille autant que l'hospitalisation. Cependant, dans les deux cas, la preuve a été faite que le fardeau du malade mental sur la famille demeure élevé et n'est pas complètement résorbé même avec une intervention.

Les nouvelles formes de thérapie familiale se sont intéressées à ce problème et plutôt que de considérer la famille comme « cause » de la maladie, elles ont cherché à répondre aux besoins quotidiens des familles en leur offrant information, éducation et support dans les domaines suivants: nature de la maladie mentale, médication, gestion des problèmes de comportement, techniques de réduction de stress. Parfois, on offre aussi une thérapie familiale plus tradition-nelle. Goldstein (1981) et McFarlane (1983) dans leurs revues de ces études s'entendent pour dire que les résultats préliminaires (sur 1 an) de ces études sont très encourageants dans le sens que ces études ont un rapport coût-bénéfice intéressant, sont très efficaces pour réduire le taux de réhospitalisation et font la preuve que la famille peut être une ressource valable à long terme pour le malade chronique *à condition* de recevoir support et information.

Ces programmes tiennent compte des recherches britanniques qui ont démontré qu'il y a un taux de rechute plus élevé chez les patients dont les familles ont un haut niveau d'émotions exprimées (hostilité, surimplication émotive, critique à l'égard du patient). L'ob-jectif des programmes d'intervention est donc de réduire ce niveau d'émotions exprimées.

Intervention de crise et lien avec l'équipe psychiatrique

Dans les programmes réussis, les modalités d'intervention de crise varient. Pour Pasamanick, elle est assumée par une infirmière en santé publique avec le support au besoin du psychiatre et du travailleur social de l'hôpital. Pour Langsley, il s'agit d'une thérapie familiale de crise effectuée par une équipe. Pour Fenton, à Montréal, il s'agit d'une équipe qui se partage les responsabilités et effectue des visites à domicile. Une hospitalisation de 24 heures est parfois utilisée. Dans tous les cas la continuité interne-externe est assurée, peu importe la modalité.

Les bons résultats de ce type d'intervention sont consistants avec toute la théorie de l'intervention de crise développée par Caplan[1].

---

1 Caplan C. (1970), The Theory and Practice of Mental Health Consultation, N.Y., Basic Books.

Réadaptation

Les programmes réussis ont fait la démonstration que les progrès au niveau de développement des habiletés de vie quotidienne, des habiletés sociales ou des habiletés au niveau du travail ne se développaient qu'avec des interventions intensives dans les secteurs visés et que les progrès réalisés ne se maintenaient qu'en autant que les interventions étaient maintenues elles aussi.

Ces résultats sont consistants avec la recherche sur l'entraînement aux habiletés sociales (Marzillier, 1978; Wallace, 1980) et la recherche sur l'entraînement au travail (Anthony, 1972) pour les patients psychiatriques[1].

Utilisation de non-professionnels

Trois programmes réussis (Mosher, 1975; Weinman, 1978; Katkin, 1975) ont utilisé des non-professionnels ou des bénévoles.

Pour Mosher, il s'agissait de personnes des deux sexes avec moyenne d'âge de 27,6 ans en majorité célibataires, d'intelligence supérieure avec une moyenne de 14,6 ans d'éducation et majoritairement de classe sociale moyenne ou moyenne inférieure. Leurs familles d'origine étaient généralement des familles problème mais eux personnellement avaient une certaine distance par rapport à ces difficultés et avaient développé une intégration personnelle assez remarquable. On leur offrit un entraînement de 6 mois, entraînement qui consistait à travailler avec des thérapeutes chevronnés mais sans lectures formelles. L'accent était mis sur le besoin d'« être avec » et non de « faire pour ». Deux personnes quittèrent le projet après 6 mois parce qu'elles le trouvaient « violent » et le salaire trop bas.

Katkin développa deux projets. Dans le premier, il s'agissait de cinq mères de famille entre 35 et 55 ans. Dans le second, il s'agissait de deux membres du clergé et de quatre mères de famille. Le psychiatre et le travailleur social de l'équipe les informèrent des signes critiques de décompensation et des effets secondaires de la médication. Après plusieurs mois, on leur confia le rôle de thérapeute et ils eurent des rencontres hebdomadaires avec le personnel de l'hôpital. Leurs fonctions étaient de vérifier que les patients gardent leurs rendez-vous et prennent leurs médicaments, d'évaluer les signes de décompensation, d'aider à trouver de l'hébergement et du travail et de faire du conselling de support.

---

1 Note: Une étude faite par Bertram J. Black en 1970 nous est parvenue trop tard pour que nous puissions l'incorporer.

Quant à Weinman, il utilisa les non-professionnels dans deux types de rôles. Certains hébergeaient des patients chez-eux et avaient comme tâche de les superviser et de faire leur éducation au niveau des comportements instrumentaux et sociaux. D'autres les visitaient à domicile 10 heures/semaine avec le même objectif de supervision et d'éducation au niveau des comportements instrumentaux et sociaux. Comme formation, ils eurent cinq sessions payées d'une heure trente chacune où ils reçurent l'information de base. Ils bénéficiaient ensuite d'une supervision individuelle et de groupe par un professionnel de même que de réunions conjointes patients et non-professionnels avec un professionnel. Leur engagement était d'un an.

Dans les trois cas, il s'agit de non-professionnels fonctionnant dans un modèle médical avec follow-up agressif des patients.

Des revues relativement récentes de la littérature comparant l'efficacité des paraprofessionnels et des professionnels (Durlak, 1979; Nietzel et Fisher, 1981; Durlak, 1981) font la démonstration qu'on n'en est pas encore arrivé à des résultats concluants à ce sujet.

Conclusion

Cette recension des écrits s'est intéressée uniquement aux recherches expérimentales et quasi expérimentales avec les avantages et les limites inhérents à ce type d'approche. Entre autres, d'un point de vue programmation et intervention, on ne retrouve ici que les programmes et interventions testés ce qui n'exclut pas la possibilité qu'il en existe d'autres qui soient également efficaces ou même supérieurs ou encore qui augmentent l'efficacité des programmes existants.

Certains par exemple, ont commencé à tenter de cerner la problématique des jeunes adultes et à y apporter des solutions spécifiques (Stein 1982 — Pepper 1981).

D'autres s'intéressent à améliorer les connaissances existantes sur le réseau social de l'ex-patient psychiatrique (J. Guay, 1981; Hammer, 1978; Beels, 1978-1981; Yvon Lefebvre[1]) ce qui pourrait éventuellement amener à modifier le style d'interventions existant présentement.

---

1 LEFEBVRE, Yvon, Profil sociopsychologique d'ex-patients non encadrés à l'urgence psychiatrique : impact psychosocial et criminologique. No 4554-50-6, Recherche en B.E., Subvention nationale au B.E., ministère de la Santé et du Bien-être social, Ottawa (projet en cours).

Enfin, la littérature décrivant les facteurs liés aux admissions et aux réadmissions[2] en psychiatrie fournit une série de pistes sur les facteurs sociaux agissants comme facteurs précipitants et sur lesquels il serait tout aussi important d'intervenir que sur les symptômes.

Tout n'est donc pas résolu mais il ressort de cette recension des écrits qu'il faut reconnaître la problématique du malade mental chronique et y apporter une *diversité* de réponses spécifiques que ce soit en modifiant notre organisation de services, en assurant un minimum de fonction asilaire ou encore en aidant un groupe de patients qui le veut à structurer un lieu où ils puissent assumer un leadership dans la conduite de leur vie quotidienne, à la façon de Fairweather (1969). L'accent ne doit plus être mis sur le traitement mais sur l'ensemble des mesures susceptibles de fournir un support adéquat.

---

2 Voir le tome IV de cet Avis.

Recommandations

Les souffrances des personnes atteintes de troubles mentaux ou connaissant d'importants problèmes psychosociaux ne peuvent laisser indifférents. Les difficultés que connaissent les milieux de vie et de travail de ces personnes ou les coûts inhérents à la prise en charge de leurs troubles ou problèmes méritent aussi beaucoup de considération. Aussi n'est-il pas surprenant qu'on s'intéresse de plus en plus, dans maintes sociétés, à l'efficacité (et à l'efficience) des interventions en santé mentale. Le Comité de la santé mentale du Québec redit l'importance de cette préoccupation grandissante et la croit susceptible de conduire à une réduction de l'incidence et de la prévalence des troubles mentaux ou des problèmes psychosociaux.

Après s'être penché sur une somme considérable de résultats d'études scientifiques relatives à l'efficacité des interventions en santé mentale, et considérant la nécessité de viser à réduire davantage l'incidence et la prévalence des troubles mentaux ou des problèmes psychosociaux, le Comité de la santé mentale du Québec juge à propos de faire des recommandations sur cette importante question de l'efficacité des interventions en santé mentale et de les rassembler autour de trois axes: la recherche, l'éducation et la distribution des services.

I- La recherche

A) Recommandations générales ayant trait à la recherche

Compte tenu du fait que nous avons relevé peu de travaux scientifiques venant de chercheurs québécois et que la trentaine de rapports reçus suite à une consultation publique que nous avons réalisée a rapporté peu de données scientifiques, nous nous devons de faire les quatre recommandations générales suivantes :

1. La recherche dans le domaine de la santé mentale est nettement insuffisante au Québec. À ce sujet, toutes les mesures possibles devraient être prises pour développer des programmes de recherche dans ce domaine. De façon plus précise, la recherche sur la prévention de même que sur les aspects psychosociaux de la maladie mentale est presque inexistante dans notre province ; elle doit donc être encouragée et stimulée. Bien que déjà bien en place, la recherche sur les aspects biologiques et biochimiques de la santé mentale doit aussi être développée. Les sommes consenties en recherche en santé mentale doivent être plus conformes à celles consenties pour la prise en charge.

2. Il y a tout lieu de recommander un investissement accru dans la formation de chercheurs dans le domaine de la santé mentale. Leur formation de même que leur expertise de recherche devraient être multidisciplinaires.

3. Il nous apparaît important de souligner que les organismes gouvernementaux devraient négocier des ententes de 3 à 5 ans en vue de créer et d'appuyer des programmes de recherche dans des établissements appropriés. Cette façon de procéder permettrait non seulement de développer des équipes ayant une masse critique mais également de leur fournir une période de temps propice au développement des connaissances.

4. Enfin, depuis l'adoption au Québec de la Loi sur l'accès aux documents des organismes publics et sur la protection des renseignements personnels, de plus en plus de chercheurs éprouvent d'énormes difficultés à réaliser certains projets de recherche, notamment dans le champ de la santé mentale. Il importe que ce problème soit étudié avec diligence. La négligence de le faire avec célérité pourrait avoir des effets extrêmement regrettables sur la recherche en santé mentale au Québec.

B) Recommandations spécifiques ayant trait à la recherche

De façon plus spécifique, le Comité fait les recommandations suivantes concernant la prévention, le traitement, la réadaptation et le support dans la communauté.

1- La prévention

Étant donné:

a) l'importance de faire de la prévention, c'est-à-dire de travailler à extirper à leurs sources les divers problèmes de santé mentale et à assurer le développement des personnes et des communautés,

b) le peu de ressources consacrées à ce chapitre en ce qui concerne la personne adulte, alors que de nombreux déséquilibres peuvent se produire à cette période de la vie et remettre en cause la participation comme citoyen, conjoint et parent,

c) qu'il est possible de rejoindre et d'intéresser la population à des approches préventives, que ces approches se révèlent dans une certaine mesure efficaces quoiqu'elles soient encore en développement, le Comité de la santé mentale du Québec recommande, pour arriver à une meilleure efficacité de nos interventions en prévention,

a) que nos efforts de recherche portent sur:

a-1) l'identification des facteurs de risque et des facteurs de développement, autant chez les individus que dans les communautés, afin de fonder nos interventions sur des modèles théoriques cohérents,

a-2) le raffinement des stratégies d'intervention utilisées dans les programmes de prévention, en particulier le recours aux média, aux profanes, aux groupes d'entraide, aux groupes de citoyens, afin de tirer partie des développements les plus récents et de voir à identifier les processus d'implantation les plus pertinents socialement,

a-3) des études évaluatives d'efficacité et d'efficience de divers programmes en fonction de diverses clientèles et besoins,

a-4) des études sur les conditions organisationnelles et communautaires favorisant le développement, le maintien et l'amélioration des programmes de prévention;

b) qu'une partie de ces efforts de recherche soit animée, à un niveau provincial, par une structure vouée à la recherche en prévention,

cette structure serait indépendante et impliquerait des chercheurs, des intervenants et des citoyens,

les fonctions de cette structure seraient de:

b-1) développer des projets pilotes dans des domaines où les connaissances sont suffisantes afin d'orienter les interventions, et où les besoins sont reconnus par la société,

b-2) voir à l'évaluation de l'efficacité, de l'efficience et de la pertinence de projets pilotes et de projets déjà implantés et largement diffusés,

b-3) voir à améliorer les outils méthodologiques disponibles en évaluation et à les rendre disponibles aux diverses institutions de services,

b-4) bâtir une banque de données sur les programmes de prévention québécois et les centres d'excellence,

b-5) faire avancer les connaissances en favorisant la création de comités d'experts québécois et en maintenant des contacts avec les chercheurs étrangers;

c) qu'une autre partie des efforts de recherche se fasse à un niveau décentralisé dans les diverses institutions de services et les groupes communautaires concernés;

les fonctions à assumer seraient de:

c-1) voir à fournir une description de tout programme de prévention qu'ils développent,

c-2) voir à instaurer une tradition d'évaluation de leur propre pratique chez les intervenants et les responsables,

c-3) participer le cas échéant à des projets pilotes et à des évaluations de programmes globaux.

Afin d'atteindre ces objectifs, des moyens financiers et des ressources humaines, sous la forme de consultation de personnes externes à ces milieux, doivent être mis à leur disposition.

2- Le traitement

Étant donné:

a) que la littérature ne supporte pas la conclusion que des traitements à long terme sont plus efficaces que des traitements à court terme;

b) que la psychothérapie est démontrée être efficace, mais que les facteurs d'efficacité ne sont pas suffisamment évidents;

c) que la spécificité des psychothérapies pour des problèmes particuliers n'est pas généralisée;

d) que la majorité des psychothérapies actuelles sont surtout applicables pour les groupes socio-économiques moyens et élevés;

e) qu'il est possible de développer des modes de traitement occasionnant des frais moindres et que la recherche en tient peu compte;

f) que l'usage inégal de la thérapie électroconvulsive selon les régions du Québec rend douteuse la rigueur de son application;

g) l'efficacité démontrée des médicaments dans le traitement de plusieurs maladies mentales, mais aussi les dangers potentiels de ces médicaments;

le Comité recommande:

a) pour la recherche en psychothérapie

a-1) de développer des études contrôlées sur des psychothérapies à court terme qui ont déjà de bonnes bases scientifiques,

a-2) de préconiser des méthodes de traitement psychologiques qui puissent modifier les problèmes d'une grande partie de la population,

a-3) de soutenir des projets de recherche sur des psychothérapies efficaces pour toutes les classes socio-économiques,

a-4) d'encourager les chercheurs dans ce domaine à développer des projets de recherche qui tiennent compte des coûts des traitements, de même que du personnel qui peut administrer ces traitements. En ce sens, il nous semble que trop souvent certains chercheurs oublient les coûts engendrés par des projets de recherche dont les résultats deviennent difficilement généralisables à une grande population et coûtent très cher dans leur application;

b) pour la recherche sur la thérapie électroconvulsive

b-1) de définir plus clairement et évaluer scientifiquement la place de la thérapie électroconvulsive dans le traitement des malades mentaux,

b-2) compte tenu des statistiques sur les électrochocs au Québec, de faire des études rétrospectives et surtout prospectives qui permettraient d'évaluer non seulement leur efficacité à plus ou moins long terme, mais aussi les effets

secondaires, les accidents et les disparités régionales reliés
à cette procédure;

c) pour la recherche sur la médication

    c-1) de continuer les projets de recherche en sciences neurolo-
giques et en pharmacologie clinique afin de découvrir les
causes organiques sous-jacentes à certaines maladies
mentales,

    c-2) de développer des médicaments qui soient plus efficaces et
surtout qui éliminent les dangers d'effets secondaires, surtout ceux qui sont irréversibles à long terme comme la
dyskinésie tardive.

3- La réadaptation et le support dans la communauté

Étant donné:

a) qu'il y a peu d'études décrivant le processus de désinstitutionnalisation,

b) que des modalités de traitement existent mais que les programmes spécifiques sont rares et que ce n'est que très récemment
qu'on a commencé à s'intéresser à des modèles intégrés d'intervention de support psychosocial et de réadaptation dans la
communauté,

c) que l'intervention de crise en général a été démontrée comme
essentielle et que l'intervention de crise, en particulier au niveau
de l'urgence, ne devrait pas être basée uniquement sur l'évaluation de la pathologie, mais aussi sur celle des facteurs psychosociaux comme facteurs précipitants,

d) que la continuité du support a été déterminée comme un facteur
crucial du succès des programmes,

e) que les caractéristiques du réseau social chez certains sujets
déterminent une admission plus ou moins rapide à l'hôpital et
affectent le résultat de l'intervention,

le Comité recommande:

a) que les efforts de recherche portent systématiquement sur:

    a-1) la comparaison de différentes modalités de traitement (à
l'intérieur et à l'extérieur de l'hôpital) selon les besoins
spécifiques de différentes clientèles,

    a-2) la systématisation des interventions psychosociales,

    a-3) les types de structures organisationnelles permettant de
maximiser la continuité de l'intervention et des services,

    a-4) les obstacles au maintien dans la communauté,

b) qu'en regard des modalités :

b-1) soit créé un pôle de recherche qui s'intéresserait au développement des connaissances et de modes d'interventions
psychosociales,

b-2) une autre partie des efforts de recherche soit décentralisée
selon les modalités décrites pour la prévention.

II- L'éducation

Pour augmenter l'efficacité des modes d'intervention en santé mentale, en plus de la recherche il faut sans aucun doute développer
l'éducation autant au niveau du grand public qu'au niveau des
professionnels de la santé mentale. Pour ce faire, deux modes
d'intervention nous semblent particulièrement prometteurs : ce sont
l'éducation populaire et l'enseignement spécialisé. En ce sens, le
Comité recommande les propositions générales et spécifiques qui
suivent.

A) Recommandations générales
ayant trait à l'éducation

Le Comité de la santé mentale du Québec recommande que :

1) des leaders de notre communauté soient associés à la diffusion
de l'information sur la prévention, le traitement et la réadaptation
ainsi que le support dans la communauté pour des gens qui
présentent des troubles mentaux ou des problèmes psychosociaux ;

2) que le système d'enseignement à tous les niveaux puisse participer aux efforts d'éducation populaire en ce qui a trait à la
prévention, au traitement, à la réadaptation et au support dans la
communauté ;

3) que la formation des intervenants en santé mentale soit revue
tant au niveau des concepts que des habiletés de développement des programmes ;

4) que les Corporations concernées par la santé mentale fournis-
sent à leurs membres une formation continue dans ces trois
domaines ;

5) qu'une attention particulière soit portée à des groupes non professionnels pour les consulter sur les moyens d'éducation et les
rejoindre dans des buts d'éducation.

B) Recommandations spécifiques ayant trait à l'éducation

1- La prévention

Étant donné :

a) la méconnaissance de l'importance et des possibilités de la prévention en ce qui a trait aux troubles mentaux et aux problèmes psychosociaux,

b) la nécessité de fonder les interventions préventives sur des assises théoriques solides pour arriver à une certaine efficacité,

c) que d'après notre recension des écrits les agents de prévention ne sauraient se restreindre aux seuls intervenants spécialisés en santé mentale,

le Comité recommande :

a) que des cours sur la prévention soient mis sur pied en mettant en valeur la contribution des diverses disciplines et écoles de pensée ;

b) que du matériel de formation sur la prévention soit produit et diffusé ;

c) que l'on utilise dans le cas des travailleurs en santé mentale des stratégies d'éducation reposant principalement sur des modes de consultation à moyen et à long termes ;

d) que l'on accueille et que l'on sollicite des projets de prévention issus de membres de la communauté et que ces personnes aient à leur disposition des ressources d'éducation pour les aider à développer leur projet ;

e) que des mécanismes incitatifs soient disponibles pour amener les divers agents à parfaire leur éducation en prévention.

2- Le traitement

Étant donné :

a) que la spécificité des techniques psychothérapeutiques pour des problèmes particuliers n'est pas généralisée ;

b) la dimension biopsychosociale de la plupart des problèmes de santé mentale ;

c) l'apparition fréquente de nouvelles techniques psychothérapeutiques et des développements constants dans les traitements psychopharmacologiques ;

d) l'importance pour l'individu et les communautés de connaître ce qu'est la santé et la maladie mentale;

le Comité recommande:

a) pour les étudiants

a-1) que les universités visent à former des psychothérapeutes sensibilisés à un vaste répertoire de techniques psychothérapeutiques et mettent l'accent sur l'importance du travail multidisciplinaire en santé mentale;

a-2) que les facultés de médecine mettent davantage l'accent sur la possibilité de traiter les troubles mentaux et les problèmes psychosociaux par d'autres moyens que la seule médication;

b) pour les intervenants

b-1) que les organismes favorisent la mise à jour de leur personnel sur les méthodes psychologiques, sociales et médicales pour résoudre les différents problèmes de santé mentale;

b-2) que les médecins, omnipraticiens et spécialistes, et les pharmaciens reçoivent un enseignement continu afin qu'ils soient au courant des nouveaux développements dans les traitements pharmacologiques des malades, de même que des problèmes qu'ils engendrent;

b-3) que les hôpitaux et les thérapeutes soient davantage informés des nouveaux programmes sur le traitement familial des schizophrènes et soient instrumentés pour les appliquer dans leur milieu;

b-4) que le système de santé participe activement à la distribution au grand public des publications gratuites sur la santé et les maladies mentales;

b-5) que les organismes d'intervention sensibilisent leur personnel à établir de meilleurs contacts avec la clientèle;

c) pour le public

— que tous les moyens de diffusion (publication, film, vidéo) soient pris pour informer la population en général.

3- La réadaptation et le support dans la communauté

Étant donné que les résultats de recherche ont démontré

a) que l'intervention de crise devait tenir compte non seulement des symptômes du patient mais aussi des facteurs psychosociaux agissant comme facteurs précipitants de cette crise,

b) que l'intervention familiale de type psycho-éducatif a commencé à produire des résultats intéressants, particulièrement avec les familles de schizophrènes,

c) que la responsabilité de coordonner les interventions et les systèmes de support a été trouvée essentielle à la survie des programmes alternatifs à l'hospitalisation,

d) que les caractéristiques du réseau social chez certains sujets déterminent une admission plus ou moins rapide à l'hôpital et affectent le résultat de l'intervention,

le Comité recommande :

a) que les programmes éducatifs concernés soient révisés de façon à inclure la formation à ces types d'habiletés dans leur curriculum (intervention de crise, intervention familiale de type psycho-éducatif, habiletés de coordination) ;

b) que des consultants soient disponibles aux intervenants du milieu pour les supporter dans le développement d'habiletés en ce sens.

III- La distribution des services

Il est évident que toute politique en santé mentale doit viser une distribution de services qui soit de la plus haute qualité et juste pour toute la population. L'analyse des conclusions des travaux de recherche permet au Comité de faire certaines recommandations qui, nous l'espérons, peuvent améliorer la distribution des services.

A) Recommandations générales ayant trait à la distribution des services

De façon générale, le Comité recommande :

1. que le réseau de distribution des services de santé fasse en sorte que toute intervention en santé mentale repose sur des connaissances récentes et tienne compte des facteurs d'efficacité identifiés ;

2. que la pratique hospitalocentriste soit modifiée et que les centres hospitaliers psychiatriques et les départements de psychiatrie des hôpitaux généraux ne soient plus considérés comme la pierre angulaire de la distribution des services, mais plutôt comme un élément parmi un ensemble d'agents distributeurs de services ;

3. que le réseau de distribution des services devienne plus conscient de l'importance de répondre aux consommateurs selon leurs besoins spécifiques plutôt que de les faire s'ajuster à des

techniques ou à des programmes répondant aux préférences des intervenants.

B) Recommandations spécifiques ayant trait à la distribution des services

1- La prévention

Étant donné :

a) que notre revue des définitions de la prévention montre qu'une interprétation erronée de ce concept peut amener à considérer toute intervention comme étant de la prévention et que cette confusion pourrait nuire au développement de la prévention,

b) que notre recension des modèles théoriques nous indique qu'à cause de la popularité de certains modèles le travail de prévention peut facilement être limité aux stratégies fondées sur le renforcement de la capacité de résistance de l'individu,

c) que les recherches proposent que le travail de prévention nécessite de nouvelles attitudes de la part des intervenants, des institutions et des autres agents concernés,

d) que la recherche évaluative a pu mettre en valeur certains facteurs nécessaires au succès des programmes de prévention,

le Comité recommande :

a) que l'on rende disponibles aux intervenants des définitions précises de ce qu'est et n'est pas la prévention, en prenant soin de clarifier certaines zones grises entre la prévention et le traitement ;

b) qu'une attention constante soit portée afin d'équilibrer les efforts consentis aux programmes axés sur les individus et ceux axés sur les communautés ou environnements ;

c) que l'on retienne les interventions de prévention suivantes :

c-1) les interventions individuelles et sociales visant à bonifier le réseau de support des individus ;

c-2) les interventions de crise au niveau de l'individu incluant une approche cathartique et cognitive ainsi qu'un souci de s'arrêter au réseau social et aux supports de l'environnement ;

c-3) les interventions individuelles et sociales de solutions de problèmes ou plus généralement d'acquisition de stratégies ;

c-4) les interventions visant des changements dans la pratique de diverses institutions (hôpitaux, lieux de travail, lois, etc.) ;

d) que l'on privilégie les principes suivants :

    d-1) on doit bâtir sur les forces et les ressources des gens et des communautés ;

    d-2) les intervenants professionnels en santé mentale doivent modifier leurs attitudes et leurs comportements lorsqu'ils veulent travailler à la prévention ;

    d-3) on doit se soucier des forces et des limites des systèmes d'aide professionnelle et profane afin d'offrir des réponses adéquates aux besoins ;

    d-4) on doit être prêt à utiliser diverses techniques et stratégies d'intervention,

        en particulier,

        — un contact actif avec la population sur son propre territoire

        — le recours aux média

        — l'identification des moments de plus grande sensibilité au changement chez les gens et chez les communautés

        — un apport plus grand des groupes d'entraide

        — des liens à créer entre professionnels et aidants profanes

        — le développement des groupes de coalition pour la santé mentale formés de citoyens et de professionnels

        — les approches facilitant les apprentissages (recours à des pairs comme modèles, petits groupes de rencontre, rétroaction individuelle et communautaire, etc.) ;

    d-5) on doit partager la responsabilité de la prévention avec divers agents sociaux non impliqués spécifiquement en santé mentale (syndicats, patronat, écoles, police, etc.) ;

e) que l'on fasse des changements organisationnels favorisant le développement de programmes de prévention.

2- Le traitement

Étant donné :

a) que certaines techniques psychothérapeutiques sont reconnues plus efficaces que d'autres, selon le problème, selon le milieu, etc. ;

b) que des psychothérapies à court terme peuvent convenir dans plusieurs cas ;

c) que des intervenants non spécialisés mais entrainés en santé mentale peuvent très souvent être efficaces et à coût moindre ;

d) que les psychothérapies à long terme sont efficaces dans les cas majeurs ;

e) que la psychothérapie fait l'objet d'un commerce peu scrupuleux de la part d'amateurs auprès d'une clientèle le plus souvent démunie ;

f) que la thérapie électroconvulsive constitue un mode de traitement draconien et, semble-t-il, avec une rigueur différente selon les régions du Québec ;

g) la surutilisation et l'utilisation souvent unique des médicaments comme traitement chez plusieurs catégories de personnes ;

h) la rigueur avec laquelle le lithium doit être consommé ;

le Comité recommande :

a) sur les psychothérapies

a-1) que les techniques psychothérapeutiques les plus reconnues et les plus efficaces, soit sur une base scientifique soit du moins sur une base clinique, soient surtout utilisées dans le traitement des bénéficiaires ;

a-2) que les techniques psychothérapeutiques soient administrées sur une base externe, en autant que possible, et que les traitements de groupe soient favorisés lorsque la situation s'y prête ;

a-3) que les psychothérapies à court terme soient favorisées pour les clientèles qui répondent à ce type de traitement ;

a-4) que les infirmiers et infirmières soient davantage utilisés comme psychothérapeutes ; il faudrait également se pencher sur la possibilité d'avoir recours à d'autres ressources humaines dont l'intervention aura été démontrée efficace ;

a-5) que la psychothérapie à long terme soit surtout favorisée pour des patients qui ont des troubles mentaux majeurs afin de faciliter leur ajustement et leur maintien dans la communauté. Ces personnes ont droit à ces traitements plus coûteux au même titre que les gens qui souffrent de diabète, d'arthrite, de maladies coronariennes ou de psoriasis méritent les leurs ;

a-6) que l'Office de la protection du consommateur apporte une attention continue au problème des psychothérapeutes sans qualifications qui exploitent bien souvent la partie de la population la plus démunie ;

b) sur la thérapie électroconvulsive

   b-1) que la thérapie électroconvulsive demeure un traitement de dernier ressort et qu'elle soit utilisée uniquement pour des pathologies sévères ou lorsque la vie du malade est en danger ;

   b-2) que d'autres méthodes thérapeutiques moins draconiennes se développent dans l'avenir et amènent une disparition complète de ce mode de traitement ;

   b-3) qu'un protocole identique soit appliqué à la grandeur de la province en ce qui a trait à l'administration de la thérapie électroconvulsive. Ce procédé interdirait au moins l'utilisation de cette procédure dans des circonstances où « la tradition » autorise un tel recours ;

c) sur les médicaments

   c-1) que des programmes d'éducation populaire soient développés non seulement pour diminuer la surutilisation des médicaments par un trop grand nombre de personnes mais pour apprendre aux gens à trouver des solutions plus efficaces à long terme que la prise de médicaments ;

   c-2) que d'autres méthodes thérapeutiques, en plus des médicaments, soient incluses dans le traitement des grands malades mentaux et que des ressources alternatives soient mises sur pied, de même que des équipes de secteur, pour, entre autres, suivre de près les malades psychotiques et au moins éviter ainsi le surdosage et les complications reliées à la prise de neuroleptiques ;

   c-3) que chaque patient sous lithium reçoive de façon écrite les directives préconisées par le National Institute of Mental Health.

3- La réadaptation et le support dans la communauté

Étant donné que les résultats de recherche indiquent :

a) que le secteur de la recherche sur les alternatives à l'hospitalisation fournit une des rares occasions dans le domaine des politiques où les données sont suffisamment claires pour qu'une action soit prise sans attendre des années de recherche future,

b) que cette littérature nous démontre que la majorité des patients hospitalisés pour troubles mentaux pourraient être traités au moins aussi efficacement, et parfois à moindre coût, ailleurs, à certaines conditions et entre certaines limites,

c) qu'un service spécifique donné isolément a comme résultat une certaine réduction de la symptomatologie et des taux de réhospitalisation, avec une certaine amélioration de la qualité de vie sans toutefois améliorer le fonctionnement instrumental de la personne,

d) que les seuls programmes qui améliorent ces résultats (touchant le fonctionnement instrumental) sont les programmes ayant un modèle psychosocial à plusieurs composantes intégrées, c'est-à-dire les programmes offrant une aide directive intensive dans les secteurs que l'ont veut améliorer :
    — entraînement aux habiletés quotidiennes,
    — entraînement au travail,
    — socialisation,

e) que l'information et le support à la famille et aux proches réduisent de façon importante le fardeau sur la famille et diminuent de façon substantielle le taux de réhospitalisation,

f) que la continuité de services est essentielle (les follow-up après la fin des projets expérimentaux indiquent tous une perte des acquis),

le Comité recommande :

a) qu'une priorité soit accordée aux services aux personnes souffrant d'une incapacité mentale majeure et à long terme et que les structures organisationnelles soient modifiées de façon à leur assurer des programmes spécifiques répondant à leurs besoins de façon *continue* ;

b) qu'une priorité soit accordée aux *interventions de crise* et qu'entre autres les *services d'urgence* soient modifiés en conséquence ;

c) qu'une priorité soit accordée aux *interventions auprès des familles* et de l'entourage du patient ;

d) qu'une priorité soit accordée au développement de *ressources* diversifiées dans la communauté autant pour la fonction hébergement que pour la fonction réadaptation ;

e) que la *façon d'allouer les fonds soit révisée* en fonction de ces priorités, et que parmi les critères majeurs d'allocation de fonds dans la communauté il y ait la capacité d'assurer une continuité à long terme et l'implication d'une diversité de ressources inter-reliées plutôt qu'une ressource isolée qui risque d'avoir un impact minimal ;

f)   que le mandat des institutions psychiatriques (C.H., C.A., pavil-
     lons, etc.) soit revu afin d'en redéfinir la spécificité.

Conclusion

Comme le démontre ce rapport, il existe encore de nombreux
problèmes en ce qui a trait aux modes d'intervention en santé
mentale. L'analyse des travaux scientifiques sur la prévention, le
traitement, la réadaptation et le support dans la communauté, de
même que les recommandations qui en découlent visent à faire
avancer l'état de la question sur le sujet et surtout à améliorer la
qualité des services offerts à la population. Le Comité n'a pas la
prétention de posséder ni la vertu ni la vérité. Certaines omissions
ont pu se faire, certains idéaux ont pu être suggérés et certaines
idéologies ont pu être écartées. Il reste que la bonne foi des
membres du Comité ne peut être mise en doute et que sa multidis-
ciplinarité a sûrement empêché des excès dans une tendance ou
dans une autre.

Bien qu'astreignant, les membres du Comité trouvent que le
travail accompli au cours des deux dernières années leur a procuré
une expérience humaine et scientifique extrêmement enrichissante.
Ils souhaitent que leur action puisse intéresser autant la population
que les professionnels de la santé, amener les politiciens à poser
des gestes concrets et faire en sorte que le débat continue et que
d'autres améliorations soient apportées par leurs successeurs.

Bibliographie

Relative à l'efficacité des modes préventifs d'intervention en santé mentale chez les adultes

Albee, G.W. (1968). Models, Myths and Manpower. *Mental Hygiene*, *52*, 168-180.

Albee, G.W. (1982a). The Politics of Nature and Nurture. *American Journal of Community Psychology*, *10*, 25-36.

Albee, G.W. (1982b). Preventing Psycho Pathology and Promoting Human Potential. *American Psychologist*, *37*, 1043-1050.

Atkinson, D.R. (1978). Community Influences on Mental Health Program Evaluation. *American Journal of Community Psychology*, *6*, 339-350.

Bader, E., Sinclair, C. (1983). The Critical First Year of Marriage. In David R. Mace (Ed.). *Prevention in Family Services*. Beverly Hills: Sage Publications.

Bacon, S.D. (1978). On the Prevention of Alcohol Problems and Alcoholism. *Journal of Studies on Alcohol*, *39*, 1125-1147.

Bagley, C. (1968). The Evaluation of a Suicide Prevention Schema by an Ecological Method. *Social Science and Medecine*, *2*, 1-14.

Bloom, B.L. (1968). The Evaluation of Primary Prevention Programs. In L.M. Roberts, N.S. Greenfield et M.H. Miller (Eds), *Comprehensive Mental Health. The Challenge of Evaluation*. Madison, University of Wisconsin.

Bloom, B.L. (1971). A University Freshman Preventive Intervention Program: Report of a Pilot Project. *Journal of Consulting and Clinical Psychology*, *37*, 235-242.

Bloom, B.L., Asher, S., White, S. (1978). Marital Disruption as a Stressor: A Review of Analysis. *Psychological Bulletin*, *85*, 867-894.

Bloom, B.L. (1979). Prevention of Mental Disorders: Recent Advances in Theory and Pratice. *Community Mental Health Journal*, *15*, 179-191.

Bloom, B.L., Hodges, W.F., Caldwell, R.A. (1982). A Preventive Program for the Newly Separated: Initial Evaluation. *American Journal of Community Psychology*, *10*, 251-264.

Bolman, W.M., Westman, J.C. (1967). Prevention of Mental Disorder: An Overview of Current Programs. *American Journal of Psychiatry*, *123*, 1058-1068.

Bolman, W.M., Halleck, S.L., Rice, D.G., Ryan, M.L. (1969). An Unitended Side Effect in a Community Psychiatric Program. *Archives of General Psychiatry*, *20*, 508-513.

Bouchard, C. (1981). Perspectives écologiques de la relation parent(s)-enfant: des compétences parentales aux compétences environnementales. *Apprentissage et socialisation*, *4*, 4-23.

Bouchard, C. (1983). Non à la prévention. Dans: J. Arseneau, C. Bouchard, M. Bourgon, *et al.*, *Psychothérapies: attention!* Sillery: Québec-Science Éditeur.

Bouchard, C., Perreault, R. (1983). Fermeture d'usine et santé: analyses de séries chronologiques chez les femmes de 30 à 39 ans de la région Sept-Îles/Port-Cartier. *Revue canadienne de santé mentale communautaire*, supplément, no 1, 101-106.

Brenner, M.H. (1973). *Mental Illness and the Economy*. Cambridge, Mass.: Harvard University Press.

Broussard, E.R. (1976). Evaluation of Televised Anticipatory guidance to primiparae. *Community Mental Health Journal*, *12*, 203-210.

Brown, V.B. (1980). The Community in Crisis. In G.F. Jacobson (Ed.), *Crisis Intervention in the 1980s*. Coll. New Directions for Mental Health Services, volume 6, San Francisco: Jossey Bass.

Cain, G.G., Hollister, R.G. (1972). The Methodology of Evaluating Social Action Programs. In P.H. Rossi et W. Williams (Eds), *Evaluating Social Programs. Theory, Practice and Politics*. New York, Seminar Press.

Campbell, D.T., Stanley, J.C. (1963). *Experimental and Quasi-Experimental Designs for Research*. Chicago: Rand McNally College Publishing.

Caplan, G. (1964). *Principles of Preventive Psychiatry*. New York: Basic Books.

Caplan, G., Grunebaum, H. (1967). Perspectives on Primary Prevention: A Review. *Archives of General Psychiatry*, *17*, 331-346.

Catalano, R. (1979). *Health, Behavior and the Community*. New York: Pergamon Press.

Catalano, R., Dooley, D. (1980). Economic Change in Primary Prevention. In R.H. Price, R.F. Ketterer, B.C. Bader, J. Monahan (Eds), *Prevention in Mental Health*. Beverly Hills: Sage Publications.

Clum, G.A., Patsiokas, A.T., Luscomb, R.L. (1979). Empirically Based Comprehensive Treatment Program for Parasuicide. *Journal of Consulting and Clinical Psychology, 47*, 937-945.

Cook, T.D., Campbell, D.T. (1979). *Quasi-Experimentation. Design and Analysis Issues for Field Settings*. Chicago: Rand McNally College Publishing Company.

Cowen, E.L. (1980). The Wooing of Primary Prevention. *American Journal of Community Psychology, 8*, 258-284.

Cowen, E.L. (1982). Primary Prevention Research: Barriers, Needs and Opportunities. *Journal of Primary Prevention, 2*, 131-137.

Cowen, E.L. (1983). Primary Prevention in Mental Health: Past, Present, and Future. In R.D. Felner, L.A. Jason, J.N. Moritsugu, S.S. Farber (Eds), *Preventive Psychology: Theory, Research and Practice*. New York: Pergamon Press.

Cromer, W.J., Burns, B.J. (1982). A Health Center Response to Community Crisis: Some Principles of Prevention and Intervention. *Journal of Primary Prevention, 3*, 1, 35-47.

Cronbach, L.J. *et al.* (1981). *Toward Reform of Program Evaluation*. San Francisco: Jossey Bass.

Currie, J. (1983). *Skills, Sharing and Support. An Evaluation of the Women's Self-Help Network*. Northern Vancouver Island, 1983. North Island Women's Services Society Box 3292, Courtenay British Columbia, V9N 5N4

Daher, D.M., Corazzini, J.D., McKinnon, R.D. (1977). An Environmental Residential Redesign Program for Residence Halls. *Journal of College Student Personnal, 18*, 11-15.

De Wild, D.W. (1981). Toward a Clarification of Primary Prevention. *Community Mental Health Journal, 16*, 306-317.

Dubos, R. (1955). Second Thoughts on the Germ Theory. *Scientific American, 192*, 31-35.

Eastwood, M.R., Brill, L., Brown, J.H. (1976). Suicide and Prevention Centres. *Canadian Psychiatric Association Journal, 21*, 571-575.

Eisenberg, L. (1981). A Research Framework for Evaluating the Promotion of Mental Health and Prevention of Mental Illness. *Public Health Reports, 96*, 1-19.

Felner, R.D., Farber, S.S., Primavera, J. (1983). Transitions and Stressful Life Events: A Model for Primary Prevention. In R.D. Felner, L.A. Jason, J.N. Noritsugu, S.S. Farber (Eds), *Preventive Psychology: Theory, Research and Practice*. New York: Pergamon Press.

Garbarino, J. *et al*. (1982). Children and families in the social environment. New York: Aldine.

Giblin, P. (1982). Meta-Analysis of Premarital, Marital, and Family Enrichment Research. Ph.D. Dissertation, Purdue University.

Glasscote, R.M. *et al*. (1980). *Preventing Mental Illness. Efforts and Attitudes*. American Psychiatric Association.

Goldston, S.E. (1977). Primary Prevention: A View from the Federal Level. In G.W. Albee, J.M. Joffe (Eds), *Primary Prevention of Psychopathology, vol. 1: The Issues*. Hanover, N.H.: University Press of New England.

Gray, J.D., Cutler, C.A., Dean, J.G., Kempe, C.H. (1977). Prediction and Prevention of Child Abuse and Neglect. *Child Abuse and Neglect, 1*, 45-58.

Guldner, C. (1971). The Post-Marital: An Alternative to Pre-Marital Counseling. *The Family Coordinator, 20*, 115-119.

Gullota, T.P. (1982). Easing the Distress of Grief: A Selected Review of the Literature with Implications for Prevention Programs. *Journal of Primary Prevention, 3*, 6-17.

Heller, K. (1984). Prevention and Health Promotion. In K. Heller, R.H. Price, S. Reinharz, S. Riger, A. Wandersman (Eds), *Psychology and Community Change*. Homewood, Illinois: Dorsey Press.

Heller, K., Monahan, J. (1977). *Psychology and Community Change*. Homewood, Illinois: Dorsey Press.

Heller, K., Swindle, R.W. (1983). Social Networks, Perceived Social Support, and Coping with Stress. In R.D. Felner, L.A. Jason, J.N. MoritSugu, S.S. Farber (Eds), *Preventive Psychology: Theory, Research and Practice*. New York: Pergamon Press.

Hodgson, S., (1984). *Toward Supportive Communities: An Evaluation of the Child/Parent Centre of the Jane/Finch Community and Family Centre*. Toronto: Centre for Urban and Community Studies, University of Toronto.

Holmes, T.H., Rahe, R.H. (1967). The Social Readjustment Rating Scale. *Journal of Psychosomatic Research, II*, 213-218.

Horowitz, L.M. (en préparation). *The Toll of Loneliness: Manifestations, Mechanisms, and Means of Prevention.*

Insel, P.M., Moos, R.H. (1974). Psychological Environments, Expanding the Scope of Human Ecology. *American Psychologist, 29,* 179-188.

Jaffe, P.G., Thompson, J.K., Paquin, M.J. (1978). Immediate Family Crisis Intervention as Preventative Mental Health: The Family Consultant Service. *Professional Psychology,* 551-560.

Kagey, J.R., Vivace, J., Lutz, W. (1981). Mental Health Primary Prevention: The Role of Parent Mutual Support Groups. *American Journal of Public Health, 71,* 166-167.

Kelly, J.C. (1968). Toward and Ecological Conception of Preventive Interventions. In J.W. Carter Jr. (Ed.), *Research Contributions from Psychology to Community Mental Health.* New York: Behavioral Publications Inc.

Kelly, L.D. (1982). Between the Dream and the Reality: A Look at Programs Nominated for the Lela Rowland Prevention Award of the National Mental Health Association. *Journal of Primary Prevention, 2,* 217-229.

Kessler, M., Albee, G.W. (1975). Primary Prevention. *Annual Review of Psychology, 26,* 557-591.

Kieffer, C.H. (1983-84). Citizen Empowerment: A Developmental Perspective. *Prevention in Human services, 3,* 9-36.

Klein, D.C., Goldston, S.E. (1977). *Primary Prevention: An Idea Whose Time Has Come.* Washington, D.C. U.S. Government Printing Office, DHEW Pub. no. (ADM), 77 447.

Klibanoff, S., Hersey, J.C., Probst, J.C. (1983). *Executive Summary an Independent Evaluation of "Friends can be Good Medecine".* California Department of Mental Health.

Lavoie, F. (1981). Modes d'évaluation des groupes d'entraide. *Revue québécoise de psychologie, 2,* 104-117.

Lavoie, F. (1982). Le veuvage: Problèmes et facteurs d'adaptation. *Santé mentale au Québec, 7,* 127-135.

Levine, A., G. (1982). *Love Canal: Science, Politics and People.* Lexington, Massachusetts: D.C. Heath and Company.

Lindsay, J. (1978). La formation en prévention en santé mentale infantile et juvénile: implications pour le praticien. Dans L. Houde, J. Lindsay, S. Richer, P.-M. Gélinas, L. Gilbert, *Prévention en santé mentale.* Collection Études et Dossiers. Québec: Éditeur officiel du Québec.

Little, A.D., Hagedorn, H.J. *et al.* (1976). *A Working Manual of Simple Program Evaluation Techniques for Community Mental Health Centers.* Rockville, Md: Mental Health Services Development Branch, Division of Mental Health Service Programs, National Institute of Mental Health, Washington.

Lloyd-Kolkin, D., Hunter, L. (1982). *Friends can be Good Medecine, Final Report.* California Department of Mental Health.

McCourt, W.F., Barnett, R.D., Brennen, J., Becker, A. (1976). We Help Each Other: Primary Prevention for the Widowed. *American Journal of Psychiatry, 133,* 98-100.

McGuire, J.C., Gottlieb, B.H. (1979). Social Support Groups Among New Parents: An Experimental Study in Primary Prevention. *Journal of Clinical Child Psychology, 9,* 111-116.

Moos, R.H., Lemke, S. (1979). *Multiphasic Environmental Assessment Procedure* (MEAP), Preliminary Manual. Palo Alto, Calif.: Social Ecology Laboratory.

Morrissette, P. (1980). *Une évaluation de programme. Le Centre de Prévention du suicide de Québec.* Essai de maîtrise, École de psychologie, Université Laval, document inédit.

Munoz, R.F., Glish, M., Soo-Hoo, T., Robertson, J. (1982). The San Francisco Mood Survey Project: Preliminary Work Toward the Prevention of Depression. *American Journal of Community Psychology, 10,* 317-329.

Naparstek, A.J., Biegel, D.E., Spiro, H.R. (1982). *Neighborhood Networks for Human Mental Health Care.* New York: Plenum Press.

O'Connor, S., Vietze, P., Sherrod, K., Sandler, H.M., Gerrity, S., Alteheier, W.A. (1982). Mother-Infant Interaction and Child Development After rooming-in: Comparison of High-Risk and Low-Risk Mothers. *Prevention in Human Services, 1,* 25-43.

Olson, D.H. (1983). How Effective is Marriage Preparation? In D.R. Mace (Ed.), *Prevention in Family Services.* Beverly Hills: Sage Publications.

O'Sullivan, M.J., Waugh, N., Espeland, W. (1983). The Fort McDowell Yavapai: From Pawns to Powerbrokers. *Prevention in Human Services, 3,* 73-97.

Perlman, D., Peplau, L.A. (1982). Loneliness Research: Implications for Interventions. Communication présentée au symposium de « Preventive Interventions to Reduce the Harmful Consequences of Loneliness », Santa Barbara.

Pilisuk, M., Hiller Parks, S., Kelly, J., Turner, E. (1982). The Helping Network Approach: Community Promotion of Mental Health. *Journal of Primary Prevention, 3*, 116-132.

Polak, P.R., Egan, D., Vandenbergh (1975). Prevention in Mental Health: A Controlled Study. *American Journal of Psychiatry, 132*, 146-148.

Price, R.H., Ketterer, R.F., Bader, B.C., Monahan, J. (1980). *Prevention in Mental Health, vol. 1*. Beverly Hills: Sage Publications.

Raphael, B. (1977). Preventive Intervention with the Recently Bereaved. *Archives of General Psychiatry, 34*, 1450-1454.

Renaud, G. (1983). À propos de la prévention comme « programmation offensive ». *Revue internationale d'action communautaire, 10-50*, 154-157.

Roberge, D. (1982). *Évaluation du Centre de prévention du suicide de Québec*. Gouvernement du Québec. Ministère des Affaires sociales. Direction Évaluation de programmes.

Robertson, D. (1982). *A Review of Factors Influencing Mass Media Health Communications and a Model for Program Development*. CHES Technical Publication, #1, P.O. Box 2305, Postal Station D, Ottawa, Ont., K1P 5K0.

Roskin, M. (1982). Coping with Life Changes — A Preventive Social Work Approach. *American Journal of Community Psychology, 10*, 331-340.

Saunders, S. (1979). Primary Prevention from a Neighborhood Base: A Working Mode. *American Journal of Orthopsychiatry, 49*, 69-80.

Sawin, M.M. (1983). Whole Family Enrichment. In D.R. Mace (Ed.), *Prevention in Family Services*. Beverly Hills: Sage Publications.

Schanie, C.F., Sundel, M. (1978). A Community Mental Health Innovation in Mass Media Prevention Education: The Alternatives Project. *American Journal of Community Psychology, 6*, 573-581.

Schwartz, S., Bodanske, E.A. (1981). Environmental Strategies for Primary Drug Abuse Prevention Programs. *Journal of Prevention, 1*, 188-198.

Seidman, E., Rapkin, B. (1983). Economics and Psychosocial Dysfonction: Toward a Conceptual Framework and Prevention Strategies. In R.D. Felner, L.A. Jason, J.N. MoritSugu, S.S. Farber (Eds), *Preventive Psychology: Theory, Research and Practice*. New York: Pergamon Press.

Sherman, L.V. (1982). Effects of Participation in a Self-Help Group for Bereaved Parents: Compassionate Friends. *Prevention in Human Services, 1*, 69-77.

Siegel, E., Bauman, K.E., Schaefer, E.S., Saunders, M.M., Ingram, D.D. (1980). Hospital and Home Support During Infancy: Impact on Maternal Attachment, Child Abuse and Neglect, and Health Care Utilisation. *Pediatrics, 66*, 183-190.

Soulé, M., Noël, J. (1984). *La prévention médico-psychosociale précoce*. Document de travail P. Paris: Copes.

Spoon, D., Southwick, J. (1972). Promoting Mental Health Through Family Life Education. *Family Coordinator, 21*, 279-286.

Spring, B., Zubin, J. (1977). Vulnerability to Schizophrenic Episodes and Their Prevention in Adults. In G.W. Albee, J.M. Joffe (Eds), *Primary Prevention of Psychopathology, vol. 1: The Issues*. Hanover, N.H.: University Press of New England.

Stoppard, J.M., Thompson, E. (1982) *Evaluation of a Self-Help Program for Depression Management: Final Report*.

Sugarman, B. (1977-78). Drug Abuse Prevention: A Human Development Model for Defining the Problem and Devising Solutions. *Drug Forum, 6*, 387-397.

Tableman, B., Marciniak, D., Johnson, D., Rodgers, R. (1982). Stress Management Training for Women on Public Assistance. *American Journal of Community Psychology, 10*, 357-367.

Vachon, M.L.S., Lyall, W.A.L., Rogers, J., Freedman, K., Freeman, S.J.J. (1980). A Controlled Study of Self-Help Intervention for Widows. *American Journal of Psychiatry, 137*, 1380-1384.

Vincent, T.A., Trickett, E.J. (1983). Preventive Intervention and the Human Context: Ecological Approaches to Environmental Assessment and Change. In R.D. Felner, L.A. Jason, J.N. MoritSugu, S.S. Farber (Eds), *Preventive Psychology: Theory, Research and Practice*. New York: Pergamon Press.

Wackman, D. (1983). Promoting Effective Communication in Families. In D.R. Mace (Ed.), *Prevention in Family Services*. Beverly Hills: Sage Publications.

Wagenfeld, M.O. (1972). The Primary Prevention of Mental Illness: A Sociological Perspective. *Journal of Health and Social Behavior, 13*, 195-202.

Wallack, L.M. (1981). Mass Media Campaigns: The Odds Against Finding Behavior Change. *Health Education Quarterly, 8*, 209-260.

Wandersman, L.P. (1982). An Analysis of the Effectiveness of Parent-Infant Support Groups. *Journal of Primary Prevention, 3,* 99-115.

Wandersman, A., Andrews, A., Riddle, D., Fancett, C. (1983). Environmental Psychology and Prevention. In R.D. Felner, L.A. Jason, J.N. MoritSugu, S.S. Farber (Eds), *Preventive Psychology: Theory, Research and Practice.* New York: Pergamon Press.

Weiss, C.H. (1972). *Evaluation Research, Methods of Assessing Program Effectiveness.* Englewood Cliffs: Prentice-Hall Inc.

Wertlieb, D. (1979). A Preventive Health Paradigm for Health Care Psychologists. *Professional Psychology,* 548-557.

WhiteHead, P.C. (1979). Public Policy and Alcohol Related Damager Media Campaigns or Social Controls. *Addictive Behaviors, 4,* 83-89.

Williams, W.V., Lee, J., Polak, P.R. (1976). Crisis Intervention: Effects of Crisis Intervention on Family Survivors of Sudden Death Situations. *Community Mental Health Journal, 12,* 128-136.

Williams, W.V., Polak, P.R. (1979). Follow-up Research in Primary Prevention: A Model of Adjustment in Acute Grief. *Journal of Clinical Psychology, 35,* 35-45.

Wilson, F.R., Yager, G.G. (1981). A Process Model for Prevention Program Research. *The Personnel and Guidance Journal,* 590-595.

Bibliographie

Relative à l'efficacité des psychothérapies, de la thérapie électroconvulsive et des médicaments

Abramowitz, S.I., Abramowitz, C.V. Psychological Mindedness and Benefit from Insight-Oriented Group Therapy. *Archives of General Psychiatry*, *30*, 610-615, 1974.

Alexander, F., French, T.M. *Psychoanalytic Therapy: Principles and Applications*. New York, Ronald Press, 1946.

American Psychiatric Association. *Electro-Convulsive Therapy. Task Force Report No 14*, septembre 1978.

American Psychiatric Association Commission on Psychotherapies. *Psychotherapy Research: Methodological and Efficacy Issues*. Washington, American Psychiatric Association, 1982.

Anderson, C.M. Family Intervention with Severely Disturbed Inpatients. *Archives of General Psychiatry*, *34*, 697-702, 1977.

Anderson, C.M., Hogarty, G.E., Reiss, D.J. Family Treatment of Adult Schizophrenic Patients: A Psycho-Educational Approach. Comptes rendus du Symposium international « Le schizophrène et sa famille », Montréal, Fondation pour la recherche sur les maladies mentales, septembre 1983.

Andrews, G. Psychotherapy Outcome: A Wider View Leads to Different Conclusions. *The Behavioral and Brain Sciences*, *6*, 285-286, 1983.

Angst, J., Varga, E., Sheperd, M. Preliminary Report of a Retrospective Study of the Treatments of Depression. *Excerpta Medical International Congress*, Series No 129. Proceedings of the Vth International Congress of the Collegium International Neuropsychopharmacologium. Washington, mars 1966.

Arbes, B.H., Hubbell, R.N. Packaged Impact: A Structured Communication Skills Workshop. *Journal of Consulting & Clinical Psychology*, *20*, 32-37, 1973.

Arseneau, J., Bouchard, C., Bourgon, M., Goupil, G., Guay, J., Lavoie, F., Perreault, R. *Psychothérapies: attention!* Québec, Presse de l'Université du Québec, 1983.

Avard, J. Methodes aversives. IN: R. Ladouceur, M.-A. Bouchard, L. Granger. *Principes et applications des thérapies behaviorales*. Montréal, Edisem et Paris, Maloine, 1980.

Ayllon, T., Azrin, N.H. Reinforcer Sampling: A Technique for Increasing the Behavior of Mental Patients. *Journal of Applied Behavior Analysis, 1*, 13-20, 1968.

Babigian, H.M. Schizophrenia: Epidemiology. IN: *Comprehensive Textbook of Psychiatry*, 2ᵉ édition, A.M. Freedman, H.I. Kaplan et B.J. Sadock (Eds). Baltimore, Williams & Wilkins, 1975.

Baker, A., Bird, G., Lavin, N. ECT in Schizophrenia. *Journal of Mental Science, 106*, 1506-1511, 1960.

Baker, A., Game, J., Thorpe, J. Physical Treatment for Schizophrenia. *Journal of Mental Science, 104*, 860-864, 1958.

Bales, J. HCFA Supports Therapy for Psychosomatic Clients. *Monitor, Journal of the American Psychological Association*, 4 décembre 1983.

Bandura, A. *Social Learning Theory*. Englewood Cliffs, Prentice Hall, 1977.

Bandura, A. On Paradigms and Recycled Ideologies. *Cognitive Therapy Research, 2*, 79-104, 1978.

Bare, C.E., Mitchell, R.R. Experimental Evaluation of Sensitivity Training. *Journal of Applied Behavior Sciences, 8*, 263-276, 1972.

Barlow, D.H., Wolfe, B.E. Behavioral Approaches to Anxiety Disorders: A Report on the NIMH — SUNY, Albany Research Conference. *Journal of Consulting and Clinical Psychology, 49*, 448-454, 1981.

Baum, M. Rapid Extinction of an Avoidance Response Following a Period of Response Prevention in the Avoidance Apparatus. *Psychological Reports, 18*, 59-64, 1966.

Beck, A. Thinking and Depression. *Archives of General Psychiatry, 9*, 324-333, 1963.

Beck, A.T. *Cognitive Therapy and the Emotional Disorders*. New York, International Universities Press, 1976.

Beck, A., Ruch, A., Shaw, B., Emery, G. *Cognitive Therapy for Depression: A Treatment Manual*. University of Pensylvania, 1978.

Becker, J., Schunckit, M. The Comparative Efficacy of Cognitive Therapy and Pharmacotherapy in the Treatment of Depressions. *Cognitive Therapy Research, 2*, 193-198, 1978.

Bellantwond, C., Reggi, V., Tognoni, G., Garantinni, S. Benzo-diazepines: Clinical Pharmacology and Therapeutic Use. *Drugs, 19(3)*, 195-219, 1980.

Bergin, A.E., Suinn, R.M. Individual Psychotherapy and Behavior Therapy. *Annual Review of Psychology, 26*, 509-555, 1975.

Bergin, A.E. Individual Psychotherapy. IN: M. Rosenweight et L. Porter (Eds). *Palo Alto, Annual Review of Psychology, 1975*.

Bergin, A.E., Lambert, M.J. The Evaluation of Therapeutic Out-comes. IN: S.L. Garfield et A.E. Bergin (Eds). *Handbook of Psychotherapy and Behavior Change*, New York, John Wiley and Sons, pp. 139-189, 1978.

Berne, E. *Games People Play*. New York, Grove Press, 1964.

Berne, E. *Analyse transactionnelle et psychothérapies*. Paris, Payot, 1977.

Bernstein, D.A., Pul, G.L. Some Comments on Therapy Analogue Research with Small Animal Phobias. *Journal of Behavior Thera-py & Experimental Psychiatry, 2*, 225-237, 1971.

Bierebaum, H., Nichols, M.P., Schwartz, A.J. Effects of Varying Session Length and Frequency in Brief Emotive Psychoterapy. *Journal of Consulting & Clinical Psychology, 44*, 790-798, 1976.

Bini, L. Experimental Researches on Epileptic Attacks Induced by the Electric Current. *American Journal of Psychiatry*, May Sup-plement, 172-174, 1938.

Boersma, K., DenHengst, S., Dekker, J., Emmelkamp, P.M. Expo-sure and Response Prevention in the Natural Environment: A Comparison with Obsessive-Compulsive Patients. *Behavior Re-search & Therapy, 14*, 19-24, 1976.

Borkovec, T.D., O'Brien, G.T. Methodological and Target Behavior Issues in Analogue Therapy Research. IN: M. Hersen, R.M. Eisler et P.M. Miller (Eds). *Progress in Behavior Modification*, Vol. 3, New York, Academic Press, 1976.

Borkovec, T.D., Rachman, S. The Utility of Analogue Research. *Behavior Research & Therapy, 17*, 253-262, 1979.

Booth, B.E., Rosenfield, A.H., Walker, E.L. *Toward a Science of Psychiatry*. Monterey, Brooks-Cole, 1974.

Brandsma, J., Maultsby, M., Welsh, R. *Self-Help Techniques in the Treatment of Alcoholism*. University of Kentucky, 1978.

Bratfos, O.E., Hang, J. Electroconvulsive Therapy and Antidepressant Drugs in Manic-Depressive Disease, Treatment Results at 3 Months Later. *Acta Psychiatrica Scandinavica*, *41*, 588-596, 1965.

Breggin, P. *Electroshock: Its Brain Disabling Effects*. New York, Springer Publishing, 1979.

Brengelmann, J. *The Effect of Repeated Electroshock on Learning in Depression*. Berlin, Springer-Verlag, 1959.

Brigham, T., Catania, A. *Handbook of Applied Behavior Research: Social and Instructional Processes*. New York, Halstead Press, 1979.

Budzinski, T., Stoyva, J., Adler A. Feedback Induced Muscle Relaxation: Application to Tension Headache. *Journal of Behavior Therapy and Experimental Psychiatry*, *1*, 205-211, 1970.

Bush, A., Beck, A., Kovacks, M., Hollon, S. Depression: Must Pharmaco-Therapy Fail for Cognitive Therapy to Succeed? *Cognitive Therapy Research*, *2*, 199-206, 1978.

Butcher, J.N., Koss, M.P. Research on Brief and Crisis Oriented Therapies. IN: *Handbook of Psychotherapy and Behavior Change* (2nd edition), Garfield, S.L. et Bergin, A. (Eds). New York, Wiley and Sons, 1978.

Butcher, J.N., Mandal, G.R. Crisis Intervention. IN: I.B. Weiner (Ed). *Clinical Methods in Psychology*. New York, John Wiley, 1976.

Canadian Psychiatric Association: *The Role of Psychotherapies in the Practice of Psychiatry*. Scientific Council, Canadian Psychiatric Association, Ottawa, mars 1984.

Carmody, T. Rational-Emotive, Self-Instructional and Behavior Assertive Training: Facilitating Maintenance. *Cognitive Therapy Research*, *2*, 241-254, 1978.

Carroll, R.S., Miller, A., Ross, B., Simpson G.M. Research as an Impetus to Improved Treatment. *Archives of General Psychiatry*, *37*, 377-380, 1980.

Cartwright, R. A Comparison of the Response to Psychoanalytic and Client-Centered Psychotherapy. IN: L.A. Gottschalk et A.H. Auerback (Eds). *Methods of Research in Psychotherapy*, New York, Appleton-Century-Crofts, 1966.

Childers, R. Comparison of Four Regimens in Newly Admitted Female Schizophrenics. *American Journal of Psychiatry*, *120*, 1010-1011, 1964.

Delay, J., Deniker, P. *Le traitement des psychoses p neurolytique dérivée de l'hibernothérapie. Co cins alinénistes et neurologistes de France, LI

Chouinard, G. Guide pratique pour l'emploi des agents psychopharmacologiques : antipsychotiques et antiparkinsonniens. *Union médicale du Canada, 105*, 1387-1391, 1976.

Chouinard, G. Guide pratique pour l'emploi des agents psychopharmacologiques. III. Antidépresseurs. *Union médicale du Canada, 106*, 821-828, 1977.

Chouinard, G. La thérapie électroconvulsive dans le traitement de la dépression. *Union médicale du Canada, 106*, 817-820, 1977.

Cole, J., Davis, J.M. Antipsychotic Drugs. IN : *The Schizophrenic Syndrome*, L. Bellack et L. Loebs (Eds). New York, Grune & Stratton, 1969.

Cole, J., Davis, J. Antidepressant Drugs. IN : A.M. Freedman, H.K. Kaplan et B.J. Sadock (Eds). *Comprehensive Textbook of Psychiatry*, Baltimore, Williams & Wilkins, 1975.

Collingwood, T., Hefele, T., Muehlberg, N., Drasgon, J. Toward Identification of the Therapeutic Facilitative Factor. *Journal of Clinical Psychology, 26*, 119-129, 1970.

Comité de la santé mentale du Québec. *Psychochirurgie et sismothérapie*. Septembre 1976.

Comité de la santé mentale du Québec. *Sismothérapie*. Octobre 1976.

Congress of the United States. *The Implications of Cost-Effectiveness Analysis of Medical Technology*. Office of Technology Assessment, Washington, U.S. Government Printing Office, 1980.

Conseil de la recherche en santé du Québec. *Rapport annuel 1979-1980*. Ministère des Affaires sociales, gouvernement du Québec, 1980.

Conseil des affaires sociales et de la famille. *Médicaments ou potions magiques*. Ministère des Affaires sociales, gouvernement du Québec, 1982.

Conseil des recherches médicales du Canada. *L'état actuel et l'avenir de la recherche médicale au Canada*. Conseil des recherches médicales du Canada, Rapport No 2, Ottawa, gouvernement du Canada, pp. 377-387, 1968.

Conseil des recherches médicales du Canada. *Rapport du président, 1979-1980*, Ottawa, 1980.

Cooper, C.L. Coping with Life Stress After Sensitization Training. *Psychological Reports, 31*, 602, 1972.

Corbeil, J., Poupard, D. La Gestalt. Vers une nouvelle pratique. *Santé mentale au Québec, 3(1)*, 61-84, 1978.

Corporation des psychologues du Québec. *Réflexions sur l'efficacité des modes d'intervention en santé mentale.* Avis au Comité de la santé mentale du Québec, 13 pages, mars 1984.

Corsini, R., Rosenberg, B. Mechanisms of Group Psychotherapy: Process and Dynamics. *Journal of Abnormal and Social Psychology, 51*, 406-444, 1955.

Covi, L., Lipman, R.S., Derogatis, L.R., Smith, J.E., Pattison, J.H. Drugs and Group Psychotherapy in Neurotic Depression. *American Journal of Psychiatry, 131*, 191-198, 1974.

Covi, L., Lipman, R., Pattison, J., Derogatis, L., Uhlenluth, E. Length of Treatment with Anxiolytic Sedatives and Responses to Their Sudden Withdrawal. *Acta Psychiatrica Scandinavia, 49*, 51-64, 1973.

Cummings, N.A., Follette, W.T. Brief Psychotherapy and Medical Utilization: An Eight Year Follow-Up. IN: H. Dorken and Associates (Eds). *The Professional Psychologist Today: New Developments in Law, Health Insurance and Health Practice.* San Francisco, Jossey Bass, 1976.

Daneman, E.A. Imipramine in Office Management of Depressive Reactions: A Double-Blind Study. *Diseases of the Nervous System, 22*, 214-217, 1961.

Davenport, J.M., Ebert, M.H., Adlant, M.L., Goodwin, F.K. *Lithium Prophylaxis: The Married Couples Group.* Unpublished manuscript, 1975.

Davison, G.C., Wilson, G.T. Processes of Fear Reduction in Systematic Desensitization: Cognitive and Social Reinforcement Factors in Humans. *Behavior Therapy, 4*, 1-21, 1973.

Davis, J.M. Maintenance Therapy in Psychiatry: Schizophrenia. *American Journal of Psychiatry, 132*, 1237-1245, 1975.

Davis, J.M., Schaffer, C.B., Killian, G.A., Kinard, C., Chan, C. *Important Issues in the Drug Treatment of Schizophrenia. Schizophrenia 1980*, U.S. Government Printing Office, 1980.

DeCarolis, V., Giberti, F. Roccatagliati: Imipramine and Electroshock in the Treatment of Depression. A Clinical Statistical Analysis of 437 Cases. *Disease of the Nervous System, 16*, 29-42, 1964.

Delay, J., Deniker, P. *Le traitement des psychoses par une méthode neurolytique dérivée de l'hibernothérapie.* Congrès des médecins alinénistes et neurologistes de France, Luxembourg, 1952.

D'Elia, G., Lorentzson, S., Roatma, H., Widepalm, K. Comparison of Unilateral Dominant and Non Dominant ECT on Verbal and Non Verbal Memory. *Acta Psychiatrica Scandinavica, 53,* 85-94, 1976.

De Léon, P.H., Vandenbos, G.R., Cummings, N.A. Psychotherapy: is it Safe, Effective and Appropriate. *American Psychologist,* août 1983, 907-911.

De Montigny, C. From Animal Experiments to Clinical Trials: Aspects of Transposition in Psychopharmacology. *Progress in Neuro-Psychopharmacology and Biological Psychiatry, 6,* 585-593, 1982.

Dies, R.R., Sadowsky, R. A Brief Encounter Group Experience and Social Relationships in a Dormitory. *Journal of Consulting & Clinical Psychology, 21,* 112-115, 1974.

DiLoreto, A.O. Comparative Psychotherapy: An Experimental Analysis. Chicago, Aldine-Atherton, 1971.

Dornbush, R. Memory and Induced ECT Convulsions. *Seminars in Psychiatry, 4,* 47-54, 1972.

Dornbush, R., Williams, M. Memory and ECT. IN: *Psychobiology and Convulsive Therapy.* M. Fink, S. Kety, J. McGaugh (Eds). Washington, Winston & Sons, pp. 199-207, 1974.

Dusay, J.M. Eric Berne. IN: A.M. Freedman, H.I. Kaplan, B.J. Sadock (Eds). *Comprehensive Textbook of Psychiatry,* Baltimore, Williams & Wilkins, 1980.

Durkin, H. *The Group in Depth.* New York, International University Press, 1966.

Edwin, L.S., Stuart, F. The Newer Therapies: A Source Book. New York, Van Nostrand Reinhold, 1982.

Ellis, A. *Reason and Emotion in Psychotherapy.* New York, L. Stuart, 1962.

Ellis, A., Grieger, R. *Handbook of Rational Psychotherapy.* New York, Springer, 1977.

Emmelkamp, P.M., Vitee, K. A Comparison of Successive Approximation and Self-Observation in the Treatment of Agoraphobia. *Behavior Therapy, 5,* 606-613, 1975.

Emmelkamp, P.M., Kraanen, J. Therapist-Controlled Exposure In Vivo Vs Self-Controlled Exposure In Vivo: A comparison with Obsessive-Compulsive Patients. *Behavior Research & Therapy, 15,* 491-495, 1977.

Epstein, N.B., Vlok, L.A. Research on the Results of Psychotherapy: A Summary of Evidence. *American Journal of Psychiatry, 138,* 1027-1034, 1981.

Evans, M.B. Biofeedback Training: Some Clinical Considerations. *Behavior Therapy, 8,* 101-103, 1977.

Eysenck, H. The Effects of Psychotherapy: An Evaluation. *Journal of Consulting Psychology, 16,* 319-324, 1952.

Eysenck, H. The Effects of Psychotherapy. IN: H. Eysenck (Eds). *Handbook of Abnormal Psychology,* New York, Basic Books, 1961.

Falloon, I.R.H., Liberman, R.P., Simpson, G.M., Talbot, R.E. *Family Therapy with Relapsing Schizophrenics: A Research Proposal.* Manuscrit non publié, 1978.

Feinsinger, D.B., Gunderson, J.G. Psychotherapy for Schizophrenics — Is It Indicated? A Review of the Relevant Literature. *Schizophrenia Bulletin,* automne 1972.

Feldman, F. Results of Psychoanalysis in Clinic Case Assigments. *Journal of American Psychoanalytic Association, 16,* 274-300, 1968.

Felton, G.S., Biggs, B.E. Teaching Internalization Behavior to Collegiate Low Achievers in Group Psychotherapy. *Psychotherapy: Theory, Research and Practice, 9,* 281-283, 1972.

Felton, G.S., Davidson, H.R. Group Counceling Can Work in the Classroom. *Academic Therapy, 8,* 461-468, 1973.

Fieve, R. Lithium (Antimanic) Therapy. IN: A.M. Freedman, H.I. Kaplan, B.J. Sadock. *Comprehensive Textbook of Psychiatry,* Baltimore, Williams & Wilkins, 1975.

Fieve, R., Platman, S., Plutchik, R. The Use of Lithium in Affective Disorders: Acute Endogenous Depression. *American Journal of Psychiatry, 125,* 487, 1968.

Fink, M. *Convulsive Therapy: Theory and Practice.* New York, Raven Press, 1979.

Fink, M. Induced Seizures and Human Behavior. IN: *Psychobiology of Convulsive Therapy.* M. Fink, S. Kety, J. McGaugh (Eds). Washington, Winston & Sons, pp. 1-18, 1974.

Fiske, D.W. et al. Planning of Research on Effectiveness of Psychotherapy. *Archives of General Psychiatry, 22,* 22-32, 1970.

Fondation pour la recherche sur les maladies mentales. *Les médicaments contre la dépression,* 1982.

Fondation pour la recherche sur les maladies mentales. *Les médicaments contre l'anxiété*, 1982.

Fondation pour la recherche sur les maladies mentales. *Les médicaments contre les maladies mentales graves*, 1982.

Frank, J.D. The Present Status of Outcome Studies. *Journal of Consulting and Clinical Psychology*, 47, 310, 1979.

Frank, J.D. The Dynamics of the Psychotherapeutic Relationship. *Psychiatry*, 22, 17-39, 1959.

Frank, J.D. Therapeutic Components of Psychotherapy: A 25-Year Progress Report of Research. *Journal of Nervous & Mental Disease*, 159, 325-342, 1974.

Frank, J.D., Gliedman, L.H., Imer, S.D., Stone, A.R., Nash, E.H. Patients' Expectacies and Relearning as Factors Determining Improvement in Psychotherapy. *American Journal of Psychiatry*, 15, 961-968, 1959

Franks, C., Wilson, G.T. *Annual Review of Behavior Therapy: Theory and Practice*. Vol. IV, New York, Brunner-Mazel, 1978.

Franks, C.M., Wilson, G.T. *Annual Review of Behavior Therapy: Theory and Practice*. New York, Brunner-Mazel, 1979.

Freidman, A.S. Interaction of Drug Therapy with Marital Therapy in Depressive Patients. *Archives of General Psychiatry*, 32, 619-637, 1975.

Fromme, D.K., Whisemant, W.F., Susky, H.H. Group Modification of Affective Verbalizations. *Journal of Consulting & Clinical Psychology*, 42, 86-871, 1974.

Funck-Brentano. *Le paradoxe du médecin*. Paris, Gallimard, 1976.

Gainer, J. Comportements obsessifs. IN: R. Ladoucour, M.-A. Bouchard, L. Granger. *Principes et applications des thérapies behaviorales*. Montréal, Edisem, 1977.

Gardon, G., Di Mascio, A., Salzman, C., Shader, R. Differential Actions of Chlordiazepoxide and Oxazepam in Hostility. *Archives of General Psychiatry*, 18, 757, 1968.

Garfield, S.L. Does Psychotherapy Work? Yes, No, Maybe. *The Behavioral and Brain Sciences*, 6, 292-293, 1983.

Gelder, M.G., Marks, I.M., Wolff, H.H. Desensitization and Psychotherapy in the Treatment of Phobic States. A Controlled Inquiry. *British Journal of Psychiatry*, 113, 53-73, 1967.

Gelder, M.G., Bancroft, J.H., Gath, D., Johnston, D.W., Mathews, A.M., Shaw, P.M. Specific and Non Specific Factors in Behavior Therapy. *British Journal of Psychiatry*, 123, 445-462, 1973.

Geyer, H., Gershan, S. Exploration of the Antidepressant Potential of Lithium. *Psychopharmacologia*, *28*, 107, 1973.

Gibbs, J.J., Wilkins, B., Lauterbach, C.G. A Controlled Clinical Psychiatric Study of Chlorpromazine. *Journal of Clinical & Experimental Psychopathology*, *18*, 269-283, 1957.

Ginsberg, G., Marks, I.M. Costs and Benefits of Behavioral Psychotherapy: A Pilot Study of Neurotics Treated by Nurse-therapist. *Psychological Medecine*, *7*, 685-700, 1977.

Girodo, M., Roehl, J. Cognitive, Physiological and Behavioral Components of Anxiety in Flooding. *Canadian Journal of Behavior Sciences*, *8*, 224-231, 1976.

Glasgow, R.E., Rosen, G.M. Behavioral Bibliotherapy: A Review of Self-Help Behavior Therapy Manuals. *Psychological Bulletin*, *85*, 1-9, 1978.

Glick, I.D., Hargreaves, W.A. Hospitals in the 1980's: Service, Training and Research. *Hospital and Community Psychiatry*, *30*, 125-128, 1979.

Goldfried, M.R. The Use of Relaxation and Cognitive Relabeling as Coping Skills. IN: R.B. Stuart (Ed.) *Behavioral Self-Management*. New York, Brunner-Mazel, 1977.

Goldman, H., Gomer, F., Templer, D. Long-Term Effects of Electro-Convulsive Therapy upon Memory and Perceptual-Motor Performance. *Journal of Clinical Psychology*, *28*, 33-34, 1972.

Goldstein, A.P., Stein, N. *Prescriptive Psychotherapies*. New York, Pergamon Press, 1976.

Goldstein, M. *Family Therapy for Parents of Schizophrenia*. Comptes rendus du Symposium international « Le schizophrène et sa famille », Montréal, Fondation pour la recherche sur les maladies mentales, septembre 1983.

Goldstein, M.J., Hopeikin, H.S. Short and Long-Term Effects of Combining Drug and Family Therapy: IN: *New Developments in Interventions with Families of Schizophrenics*. San Francisco, Jossey Bass Inc., 1981.

Goldstein, M.J., Rodnick, E.H., Evans, J.R., May, P.R., Steinberg, M. Drug and Family Therapy in the Aftercare Treatment of Acute Schizophrenia. *Archives of General Psychiatry*, *35*, 1169-1177, 1978.

Goodman, L., Gilman, A. *The Pharmacological Basis of Therapeutics*. Londres, Collier-MacMillan, 1970.

Goodwin, F., Murphy, D., Bunney, W. Lithium Carbonate Treatment Kof Depression and Mania. *Archives of General Psychiatry, 21,* 486, 1969.

Gottschalk, L.A., Mayerson, P., Gottlieb, A.A. Predictions and Evaluation of Outcome in an Emergency Brief Psychotherapy Clinic. *Journal of Nervous & Mental Disease, 144,* 77-96, 1967.

Gouvernement du Québec. Un projet collectif: énoncé d'orientation et plan d'action pour la mise en oeuvre d'une politique québécoise de la recherche scientifique. Éditeur officiel du Québec, 1980.

Green, B.L., Gleser, G.C., Stone, W.N., Seifert, R.F. Relationships Among Diverse Measures of Psychotherapy Outcome. *Journal of Consulting & Clinical Psychology, 43,* 689-699, 1975.

Greenblatt, M. Efficacy of ECT in Affective and Schizophrenic Illness. *American Journal of Psychiatry, 134,* 1001-1005, 1977.

Greenblatt, M., Grosser, G.H., Weichsler, H. Differential Response of Hospitalized Depressed Patients to Somatic Therapy. *American Journal of Psychiatry, 120,* 935-943, 1964.

Greenblatt, D., Shader, R. Benzodiazepines. *New England Journal of Medicine, 29,* 19-23, 1974.

Greenblatt, D., Shader, R. Dependence, Tolerance and Addiction to Benzodiazepines: Clinical and Pharmacokinetic Considerations. *Drug Metabolism Reviews, 8,* 13-28, 1978.

Greenspan, S.I., Sharfstein, S.S. Efficacy of Psychotherapy. *Archives of General Psychiatry, 38,* 1213-1219, 1981.

Grinspoon, L., Ewalt, J.R., Shader, R.I. *Schizophrenia: Pharmacotherapy and Psychotherapy.* Springfield, C.C. Thomas, 1972.

Grotjahn, M. Planning from Dropout Patients: A Clinical View of Patients Who Discontinued Group Psychotherapy. *International Journal of Group Psychotherapy, 22,* 306-319, 1972.

Group for the Advancement of Psychiatry: Pharmacotherapy and Psychotherapy: Paradoxes, Problems and Progress. *New York, 9,* 261-431, 1975.

Gurman, A.S., Kniskern, D.P. Research on Marital and Family Therapy: Progress, Perspective and Prospect. IN: S.L. Garfield et A.E. Bergin (Eds). *Handbook of Psychotherapy and Behavior Change* (2nd ed), New York, John Wiley & Sons, 1978.

Hafner, J., Marks, I. Exposure In Vivo of Agoraphobics: Contributions of Diazepam, Group Exposure and Anxiety Evocation. *Psychological Medicine, 6,* 71-88, 1976.

Hall, R., Joffe, J. Aberrant Response to Diazepam: A New Syndrome. *American Journal of Psychiatry, 129,* 73-98, 1972.

Hamburg, D. et al. Report of Ad Hoc Committee and Central Fact-gathering Data of the American Psychoanalytic Association. *Journal of American Psychoanalytic Association, 15,* 841-861, 1967.

Hand, I., Lamontagne, Y., Marks, I.M. Group Exposure (Flooding) In Vivo for Agoraphobics. *British Journal of Psychiatry, 124,* 588-602, 1974.

Harper, R., Wiens, A. Electroconvulsive Therapy and Memory. *Journal of Nervous and Mental Disease, 161,* 245-254, 1975.

Harris, T.A. *I'm o.k., you're o.k.* New York, Harpers Ron, 278 p., 1969.

Hatfield, A.B. The Family as Partner in the Treatment of Mental Illness. *Hospital and Community Psychiatry, 30,* 338-340, 1979.

Hersen, M., Bellack, A.S. A Multiple-Baseline Analysis of Social Skills Training in Chronic Schizophrenics. *Journal of Applied Behavior Analysis, 9,* 239-246, 1976.

Hersen, M., Eisler, R.M. Social Skills Training. IN: W.E. Craighead, A.E. Kazdin et M.J. Mahoney (Eds). *Behavior Modification: Principles, Issues and Applications.* Boston, Houghton Mifflin, 1976.

Hogarty, G.E., Schooler, N.R., Ulrich, R., Nussare, F., Ferro, P., Henon, E. Fluphenazine and Social Therapy in the Aftercare of Schizophrenic Patients. *Archives of General Psychiatry, 36,* 1283-1284, 1979.

Hollon, S.D., Beck, A.T. Psychotherapy and Drug Therapy: Comparison and Combinations. IN: S.L. Garfield and A.E. Bergin (Eds). *Handbook of Psychotherapy and Behavior Change.* New York, John Wiley & Sons, pp. 437-489, 1978.

Holroyd, K., Andrasik, F., Westbrok, T. Cognitive Control of Tension Headache. *Cognitive Therapy Research, 1,* 121-123, 1977.

Horden, A., Burt, C., Holt, N. *Depressive States.* Springfield, C.C. Thomas, 1975.

Hutchinson, J., Smedburg, D. Treatment of Depression: A Comparative Study of ECT and Six Drugs. *British Journal of Psychiatry, 109,* 536-538, 1963.

Jacobson, G.F., Strickler, M., Morley, W.E. Generic and Individual Approaches to Crisis Intervention. *American Journal of Public Health*, *58*, 339-343, 1968.

Jenov, A. *The Primal Scream*. New York, Dell, 1970.

Johnson, G., Gershan, S., Hekinian, L. Controlled Evaluation of Lithium and Chlorpromazine in the Treatment of Manic States: An Interim Report. *Comprehensive Psychiatry*, *9*, 563, 1968.

Karasu, T.B. Psychotherapy and Pharmacotherapy: Toward an Integrative Model. *American Journal of Psychiatry*, *139*, 1102-1113, 1982.

Karon, B.P., Vandenbos, G.R. Treatment Costs of Psychotherapy Versus Medication for Schizophrenics. *Professional Psychology*, *6*, 293, 1975.

Kaye, J.D. Group Interaction and Interpersonal Learning. *Small Group Behavior*, *4*, 424-448, 1973.

Kazdin, A.E. Evaluating the Generality of Findings in Analogue Therapy Research. *Journal of Consulting & Clinical Psychology*, *46*, 673-686. 1977.

Kazdin, A.E. The Token Economy. New York, Plenum Press, 1977.

Kazdin, A.E., Wilcoxon, L.A. Systematic Desensitization and Non Specific Treatment Effects on Methodological Evaluation. *Psychological Bulletin*, *83*, 729-758, 1976.

Kazdin, A.E., Wilson, G.T. Criteria for Evaluating Psychotherapy. *Archives of General Psychiatry*, *35*, 407-418, 1978.

Kendall, P., Finch, A. A Cognitive-Behavioral Treatment for Impulsivity: A Group Comparison Study. *Journal of Consulting and Clinical Psychology*, *46*, 110-118, 1978,

Kernberg, O.F., Burnstein, E.D., Coyne, L., Appelbaum, A., Howitz, L., Vioth, H. Psychotherapy and Psychoanalysis: Final Report of the Menninger Foundation's Psychotherapy Research Project. *Bulletin of the Menninger Clinic*, *36*, 1-276, 1972.

King, P. Chlorpromazine and Electroconvulsive Therapy in the Treatment of Newly Hospitalized Schizophrenics. *Journal of Clinical and Experimental Psychopathology*, *21*, 101-105, 1960.

Klein, D.F. Delienation of Two Drug-Responsive Anxiety Syndromes. *Psychopharmacologia*, *5*, 397, 1964.

Klein, D., Davis, J. *Diagnosis and Treatment of Psychiatric Disorders*. Baltimore, Williams & Wilkins, pp. 187-298, 1969.

Klein, D.F., Gittelman, R., Quitkin, F., Rifkin, A. *Diagnosis and Drug Treatment of Psychiatric Disorders* (2nd edition). Baltimore, Williams & Wilkins, 1980.

Kleinknecht, R., Donaldson, D. A Review of the Effects of Diazepam on Cognitive and Motor Performance. *Journal of Nervous and Mental Disease, 161(6)*, 399-411, 1975.

Klerman, G.L., Di Mascio, A., Weissman, M., Prusoff, B., Paykel, E.S. Treatment of Depression by Drugs and Psychotherapy. *American Journal of Psychiatry, 131*, 186-191, 1974.

Knapp, P.H. Short-Term Psychoanalytic and Psychosomatic Predictions. *Journal of American Psychoanalytic Association, 11(2)*, 245-280, 1963.

Korin, H., Fink, M., Kwalwasser, S. Relation of Changes in Memory and Learning to Improvement in Electroshock. *Confinia Neurologica, 16*, 88, 1956.

Kovel, J. *A Complete Guide to Therapy*. New York, Penguin Books, 1977.

Kristiansen, E.S. A Comparison of Treatment of Endogenous Depression with Electroshock and with Imipramine. *Acta Psychiatrica Scandinavica (Suppl), 162*, 179-188, 1961.

Lambert, M.T., Bergin, A.E. Psychotherapeutic Outcomes and Issues Related to Behavioral and Humanistic Approaches. *Cornell Journal of Social Relations, 8*, 47-61, 1973.

Lambert, P., De Julio, M., Stein, D. Therapist Interpersonal Skills. *Psychological Bulletin, 83*, 467-489, 1978.

Lamontagne, Y. Le traitement des phobies par la thérapie du comportement. *Union médicale du Canada, 102*, 2287-2291, 1973.

Lamontagne, Y. Psychothérapie dynamique et thérapie comportementale : une alliance est-elle possible ? *L'encéphale, 6*, 65-80, 1973.

Lamontagne, Y. Immersion et implosion. IN : R. Ladouceur, M.-A. Bouchard et L. Granger. *Principes et applications des thérapies behaviorales*, Montréal, Edisem et Paris, Maloine, 1973.

Lamontagne, Y. La thérapie comportementale dans les hôpitaux à sécurité maximum. *Union médicale du Canada, 103*, 1778-1785, 1974.

Lamontagne, Y., Lamontagne, C. *La thérapie comportementale en psychiatrie*. Montréal, Beauchemin, 1975.

Lamontagne, Y. L'enseignement de la thérapie comportementale en psychiatrie. *Vie médicale au Canada français, 4*, 485-486, 1975.

Lamontagne, Y. Implantation de la thérapie comportementale en milieu psychanalytique. *Canadian Psychiatric Association Journal*, *22*, 11-17, 1977.

Lamontagne, Y. Our Experience on EMG Feedback Training. *Archives of Greek Association for Behaviour Modification*, *1*, 19-21, 1979.

Lamontagne, Y. La thérapie du comportement. IN: R. Duguay et H.F. Ellenberger. *Précis pratique de psychiatrie*, Montréal, Chenelière et Stanké, et Paris, Maloine, 1981.

Lamontagne, Y. Réflexions sur « Médicaments ou potions magiques ». *Union médicale du Canada*, *112*, 391-395, 1983.

Lamontagne, Y. Indications thérapeutiques de la thérapie comportementale. *Canadian Journal of Psychiatry*, *29*, 125-128, 1984.

Lamontagne, Y., Annable, L., Lavallée, Y.J. Is EMG Feedback Training Effective in the Treatment of Anxiety? IN: J. Boulougouris (Ed.). *Learning Theory Approaches to Psychiatry*. Londres, John Wiley, 1982.

Lamontagne, Y., Lavallée, Y.-J., Annable, L. La rétroaction biologique: réalités et illusions. *Lyon Médical*, *238*, 97-103, 1977.

Lamontagne, Y., Lavallée, Y.-J., Annable, L. Minor Tranquilizers, Personality Inventory and EGM Feedback with Chronic Anxious Patients. *Comprehensive Psychiatry*, *24*, 543-545, 1983.

Lamontagne, Y., Lebrun-Brais, L., Boyer, R., Chouinard, G., de Montigny, C., Élie, R., Gagnon, M.-A. *Pour une politique québécoise de la recherche scientifique*. Mémoire adressé au ministère d'État au Développement culturel en réponse au livre vert sur la recherche scientifique, 1979.

Lamontagne, Y., Ste-Marie, G. La recherche clinique en psychiatrie au Québec: stagnation ou évolution. *Union médicale du Canada*, *110*, 922-926, 1981.

Lamoureux, G., Joly, J., Bouchard. M.-A. Rétroaction biologique. IN: R. Ladouceur, M.-A. Bouchard et L. Granger. *Principes et applications des thérapies behaviorales*. Montréal, Edisem, 1980.

Langsley, D., Enterline, J., Hickerson, G. A Comparison of Chlorpromazine and ECT in Treatment of Acute Schizophrenia and Manic Reactions. *Archives of Neurological Psychiatry*, *81*, 384-391, 1959.

Langsley, D.G., Kaplan, D.M., Pittnan, F.S., Machotka, P., Flomenhaft, K., De Young, C.D. The Treatment of Families in Crisis. New York, Grune & Stratton, 1968.

Laurin, C. La personnalité du thérapeute. *Union médicale du Canada, 103,* 1929-1933, 1974.

Leff, J.P. Developments in Family Treatment of Schizophrenia. *Psychiatric Quarterly, 51,* 216-232, 1979.

Leitenberg, H. *Handbook of Behavior Modification and Behavior Therapy.* Engleweed Cliffs, Prentice Hall, 1976.

Lepage, D., Tétreault, J.-P. Un protocole de sismothérapie. *Union médicale du Canada, 109,* 1-7, 1980.

Leser, A.L. Psychotherapy, Benefits and Costs. *The Psychiatric Journal of the University of Ottawa, 4(2),* 191-196, 1979.

Leven, H., Breger, L., Patterson, V. A Training and Research Program in Brief Psychotherapy. *American Journal of Psychotherapy, 26,* 90-100, 1972.

Lewis, D., Bregman, N., Mahan, J. Cue-Dependent Amnesia in the K-Maze. *Journal of Comparative and Phsychological Psychology, 81,* 243-247, 1972.

Libit, J., Lewinsohn, P.M. The Concept of Social Skills with Special References to the Behavior of Depressed Persons. *Journal of Consulting & Clinical Psychology, 40,* 304-312, 1973.

Lieberman, M. A. Change Induction in Small Groups. *Annual Review of Psychology, 27,* 217-250, 1976.

Liljequist, R., Matela, M. Acute Effects of Temazepam and Nitrazepam on Psychomotor Skills and Memory. *Acta Pharmacologica Toxicologica, 44(5),* 364-369, 1979.

Lipman, R., Cobi, L., Derogatis, L., Rickels, K., Uhlenhut, E. Medication, Anxiety and Patient Report of Significant Life Situation Events. *Disease of the Nervous System, 32,* 240, 1971.

Lipsedge, M.S., Hajioff, J., Huggins, P., Napier, L., Pearce, J., Pike, O.J., Rich, M. The Management of Severe Agoraphobia: A Comparison of Iproniazid and Systematic Desensitization. *Psychopharmacologia, 32,* 67-80, 1973.

Lloyd, M.E. Selecting Systems to Measure Client Outcome in Human Service Agencies. *Behavioral Assessment, 5,* 55-70, 1983.

London, P. The Future of Psychotherapy. *Hastings Center Report, 93,* 11-13, 1973.

London, P., Klerman, G.L. Evaluating Psychotherapy. *American Journal of Psychiatry, 139(6),* 709-717, 1982.

Lorr, M., McNair, D.M., Weinstein, G.J. Early Effects of Chlordiazepoxide (Librium) Used with Psychotherapy. *Journal of Psychiatric Research, 1,* 257-270, 1962.

Lorr, M., McHair, D.M., Weinstein, G.J., Michaux, W.W., Raskin, A. Meprobamate and Chlorpromazine in Psychotherapy: Some Effects on Anxiety and Hostility of Outpatients. *Archives of General Psychiatry*, *4*, 381-389, 1961.

Lowen, A. *The Betrayal of the Body*. New York, Collier-MacMillan, 1969.

Luborsky, L. The Patient's Personality and Psychotherapeutic Change. IN: A. Strupp et L. Luborsky (Eds). *Research in Psychotherapy. American Psychological Association*, Washington, *2*, 115-133, 1962.

Luborsky, L., Singer, B., Luborsky, L. Comparative Studies of Psychotherapies: Is it True that "everybody has won, all must have prizes?" *Archives of General Psychiatry*, *32*, 995-1008, 1975.

Luborsky, L., Spence, D.P. Quantitative Research on Psychoanalytic Therapy. IN: *Handbook of Psychotherapy and Behavior Change*, Garfield S.L. et Bergin A.E. (Eds), New York, John Wiley and Sons, Chap. 11, 408-432, 1978.

Maggs, R. Treatment of Manic Illness with Lithium Carbonate. *British Journal of Psychiatry*, *1-9*, 56, 1963.

Mahoney, M.J. *Cognitive and Behavior Modification*. Cambridge, Ballinger, 1974.

Mahoney, M.J. Reflections on the Cognitive-Learning Trend in Psychotherapy. *American Psychologist*, *32*, 5-13, 1977.

Mahoney, M.J., Arnkoff, D. Cognitive and Self-Control Therapies. IN: S.L. Garfield et A.E. Bergin (Eds). *Handbook of Psychotherapy and Behavior change*, New York, John Wiley and Sons, 1978.

Malan, D.H. *A Study of Brief Psychotherapy*. London, Tavistock Publications, 1963.

Malan, D.H. *Toward the Validation of Dynamic Psychotherapy: A Replication*. New York, Plenum Press, 1976.

Malitz, S., Sackdim, H.A., Decina, P. ECT in the Treatment of Major Affective Disorders: Clinical and Basic Research Issues. *Psychiatric Journal of the University of Ottawa*, *7*, 126-134, 1982.

Mann, J. *Time-Limited Psychotherapy*. Cambridge, Harvard University Press, 1973.

Marks, I., Hallam, R., Connelly, J., Philpatt, R. *Nursing in Behavioral Therapy*. London, The Royal College of Nursing of the United Kingdom, 1977.

Marks, I.M. Behavioral Psychotherapy of Adult Neuroses. IN: S.L. Garfield et A.E. Bergin (Eds). *Handbook of Psychotherapy and Behavior change*, 2nd edition, New York, Wiley, 1978.

Marks, I.M. Cure and Care of Neurosis. *Psychological Medicine*, *9*, 629-660, 1979.

Marks, I.M. Review of Behavioral Psychotherapy: I: Obsessive Compulsive Disorders. *American Journal of Psychiatry*, *138(5)*, 584-592, 1981.

Marks, I.M. Review of Behavioral Psychotherapy: II: Sexual Disorders. *American Journal of Psychiatry*, *138(6)*, 750-756, 1981.

Marks, I.M., Hodgson, R., Rachman, S. Treatment of Chronic Obsessive-Compulsive Neuroses by In Vivo Exposure. *British Journal of Psychiatry*, *127*, 349-366, 1975.

Marks, I.M., Waters, H., Lindley, P. *Nurse Therapy in Primary Care: A Controlled Clinical and Epidemiological Study*. Final Report to DHSS, octobre 1983.

Marshall, E. Psychotherapy Works, but for Whom? *Science*, *207*, 506-508, 1980.

Mathews, A. Fear Reduction Research and Clinical Phobias. *Psychological Bulletin*, *85*, 390-406, 1978.

Mathieu, M., Wright, J., Valiquette, C. Assertion et habiletés sociales. IN: R. Ladouceur, M.-A. Bouchard et L. Granger. *Principes et applications des thérapies behaviorales*. Montréal, Edisem, 1980.

May, P. *Treatment of Schizophrenia*. New York, Science House, 1968.

May, P. Schizophrenia: Overview of Treatment Methods. IN: *Comprehensive Textbook of Psychiatry*. A.M. Freedman, H.I. Kaplan, B.J. Sadock (Eds). Baltimore, Williams & Wilkins, 1975.

May, P. Schizophrenia: Evaluation of Treatment Methods. IN: A.M. Freedman, H.I. Kaplan, B.J. Sadock (Eds). *Comprehensive Textbook of Psychiatry II*. Baltimore, Williams & Wilkins, 955-982, 1975.

May, P. When, What, and Why? Psychopharmacotherapy and Other Treatments in Schizophrenia. *Comprehensive Psychiatry*, *17*, 683-693, 1976.

May, P., Tuma, A.H., Dixon, W.J. Schizophrenia — A Follow-Up Study of Results of Treatments. *Archives of General Psychiatry*, *33*, 474-506, 1976.

May, P., Tuma, A., Yale, C. Schizophrenia: A Follow-Up Study of Results of Treatment. Hospital Stay Over Two to Five Years. *Archives of General Psychiatry*, *33*, 481-486, 1976.

McCormich, P. T.A. and Behavior Modification: A Comparative Study. *Transactional Analysis Journal*, *3*, 1972.

McDonald, I., Perkins, M., Marjerrison, G. A Controlled Comparison of Amitriptyline and Electroconvulsive Therapy in the Treatment of Depression. *American Journal of Psychiatry*, *122*, 1426-1431, 1966.

McFall, R.M. Behavioral Training: A Skill-Acquisition Approach to Clinical Problems. IN: J.T. Spence, R.C. Carson et J.W. Thibaut (Eds). *Behavioral Approaches to Therapy*. Morristown, General Learning Press, 1976.

Medical Research Council. Clinical Trial of the Treatment of Depressive Illness. *British Medical Journal*, *1*, 881-886, 1965.

Meichenbaum, D., Cameron, R. Training Schizophrenics to Talk to Themselves. *Behavior Therapy*, *4*, 515-535, 1973.

Meichenbaum, D. *Cognitive Behavior Modification*. New York, Plenum Press, 1977.

Meichenbaum, D., Goodman, J. Training Impulsive Children to Talk to Themselves. *Abnormal Psychology*, *77*, 115-126, 1971.

Mendels, J., Secunda, S., Dyson, V. A Controlled Study of the Antidepressant Effects of Lithium Carbonate. *Archives of General Psychiatry*, *26*, 154, 1972.

Meltzoff, J., Kornreich, M. *Research in Psychotherapy*. New York, Atherton Press, 1970.

Menninger Foundation. *Policies and Procedures: Adult Outpatient Department*, p. ii, févricr 1083.

Mills, M.J., Pearsall DT., Yesavage, J.A., Salzman, C. Electroconvulsive Therapy in Massachusetts. *American Journal of Psychiatry*, *141*, 534-538, 1984.

Mindham, R., Howland, C., Shepherd, M. Continuation Therapy with Tricyclic Antidepressant in Depressive Illness. *Lancet*, *2*, 854, 1972.

Misanin, J., Miller, R., Lewis, D. Retrograde Amnesia Produced by Electroconvulsive Shock after Reactivation of a Consolidated Memory Trace. *Science*, *160*, 554-555, 1968.

Mitchell, K., Bozarth, J., Krauft, C. A Reappraisal of the Therapeutic Effectiveness of Accurate Empathy, Nonpossessive Warmth and Genuineness. IN: A. Gurman, A. Razin (Eds). *Effective Psychotherapy*, Oxford, Pergamon Press, 1977.

Moamaï, N., Moammae, J. La situation actuelle sur l'électrochoc. *Le Courrier médical*, *12*, 27 mars 1984.

Moleski, R., Tosi, D. Comparative Psychotherapy Rational-Emotive Therapy vs Systematic Desensitization in the Treatment of Stuttering. *Journal of Consulting and Clinical Psychology*, *44*, 300-311, 1976.

Morgan, C.D., Kremer, E., Caylor, M. The Behavioral Medicine Unit: A New Facility. *Comprehensive Psychiatry*, *20*, 79-89, 1979.

Morris, J., Beck, A. The Efficacy of Antidepressant Drugs: A Review of Research 1958-1972. *Archives of General Psychiatry*, *30*, 667-674, 1974.

Mosher, L., Gunderson, J., Buschsbaum, S. Special Report: Schizophrenia, 1972. *Schizophrenia Bulletin*, *7*, 12-52, 1973.

Mosher, L.R., Keith, S.J. Psychosocial Treatment: Individual, Group, Family and Community Support Approaches. *Schizophrenia 1980*, U.S. Government Printing Office, 1980.

Moreno, J.L. Psychodrama. IN: A.M. Freedman, H.I. Kaplan, S.J. Sadock (Eds). *Comprehensive Textbook of Psychiatry*, Baltimore, Williams & Wilkins, 1975.

Moreno, J.L., Moreno, Z.T. *Psychodrama*. New York, Beacon House, 1959.

Muehlberg, N., Pierce, R., Drasgow, J. A Factor Analysis of Therapeutically Facilitative Conditions. *Journal of Clinical Psychology*, *25*, 93-95, 1969.

National Institute of Mental Health. *Information on Lithium*. U.S. Department of Health and Human Services, 4 pages, 1981.

Newsweek. Voting on Electroshock, 25 octobre 1982.

Nichols, M.P. Outcome of Brief Cathartic Psychotherapy. *Journal of Consulting & Clinical Psychology*, *42*, 403-410, 1974.

Nichols, M.P., Reifler, C.B. The Study of Brief Psychotherapy in a College Health Setting. *Journal of American College of Health Association*, *22*, 128-133, 1973.

NIMH. Psychopharmacology Service Center, Collaborative-Study Group: Phenothiazine Treatment in Acute Schizophrenia. *Archives of General Psychiatry*, *10*, 246-261, 1964.

Ottoson, J. Memory Distrubance After ECT: A Major or Minor Side Effect. *Proceedings of the First International Congress of the Academy of Psychosomatic Medicine*, *134*, 161-168, 1967.

Pankratz, W.J. Electroconvulsive Therapy. The Position of the Canadian Psychiatric Association. *Revue canadienne de Psychiatrie*, *25*, 509-514, 1980.

Parloff, M.B. Psychotherapy Research Evidence and Reinbursement Decisions: Bambi Meets Godzilla. *American Journal of Psychiatry*, *139(6)*, 718-727, 1982.

Patterson, V., Levene, H., Breger, L. Treatment and Training Outcomes with Two Time-Limited Therapies. *Archives of General Psychiatry*, *25*, 161-167, 1971.

Paul, G.L. Insight Versus Desensitization in Psychotherapy Two Years after Termination. *Journal of Consulting & Clinical Psychology*, *31*, 333-348, 1967.

Paul, G.L. Outcome of Systematic Desensitization. IN: C.M. Franks (Ed), *Behavior Therapy: Apparaisal and Status*, New York, McGraw Hill, 1969.

Paul, G.L. Behavior Modification Research: Design and Tactics. IN: C.M. Franks (Ed), *Behavior Therapy: Apparaisal and Status*, New York, McGraw Hill, 1969.

Perls, F. *Gestalt Therapy Verbation*. John O. Stevens (éd). MOAB, UTAH, Real People, 1969.

Perls, F., Hefferline, R., Goodman, P. *Gestalt therapie: technique d'épanouissement personnel*. Montréal, Stanké, 1977.

Pevnick, J., Jasinski, D., Haertzen, G. Abrupt Withdrawal from Therapeutically Administered Diazepam. *Archives of General Psychiatry*, *35*, 995-998, 1978.

Platman, S. A Comparison of Lithium Carbonate and Chlorpromazine in Mania. *American Journal of Psychiatry*, *127*, 351, 1970.

Preskorn, S., Denner, L.J. Benzodiazepines and Withdrawal Psychosis. *Journal of the American Medical Association*, *237(1)*, 36-38, 1977.

Prioleau, L., Murdeck, M., Brody, N. An Analysis of Psychotherapy versus Placebo Studies. *The Behavioral and Brain Sciences*, *6*, 275-285, 1983.

Rachman, S. *The Effects of Psychotherapy*. Oxford, Pergamon Press, 1971.

Rachman, S.T., Wilson, G.T. *The Effects of Psychological Therapy*. (2nd édition). London, Pergamon Press, 1980.

Raskin, M., Bali, L.R., Peeke, H.V. Muscle Biofeedback and Trans-cendental Meditation. *Archives of General Psychiatry, 37,* 93-97, 1982.

Reich, W. *Character Analysis* (3rd ed). New York, Orgone Institute Press, 1959.

Reich, W. *The Function of the Orgasm.* New York, Wolfe, 1968.

Rickels, K., Ward, C., Schut, L. Different Populations, Different Drug Responses. A Comparative Study of Two Antidepressants, Each Used in Two Different Patient Groups. *American Journal of Medical Sciences, 247,* 328, 1964.

Riddell, S. The Therapeutic Efficacy of ECT: *Archives of General Psychiatry, 8,* 546-556, 1963.

Roback, H.B. The Comparative Influence of Insight and Non-Insight Psychotherapies on Therapeutic Outcome: A Review of the Experimental Literature. *Psychotherapy: Theory, Research and Practice, 8,* 23-25, 1971.

Robin, A., Armel, S., O'Leary, K. The Effects of Self-Instruction on Writing Deficiencies. *Behavior Therapy, 6,* 178-187, 1975.

Rogers, C., Dymond, R. *Psychotherapy and Personality Change.* Chicago, Chicago University Press, 1954.

Rotrock, G.K., Wellisch, D.K., Schoolar, J.C. A Family Therapy Outcome Studies in an Inpatient Setting. *American Journal of Orthopsychiatry, 47,* 514-522, 1977.

Ruch, A.J., Beck, A.T., Kovacs, M., Hollon, S.D. Comparative Efficacy of Cognitive Therapy and Pharmacotherapy in the Treatment of Depressed Outpatients. *Cognitive Therapy and Research, 1,* 17-37, 1977.

Sadock, B.J. Group Psychotherapy and Psychodrama. IN: A.M. Freedman, H.I. Kaplan, B.J. Sadock (Eds). *Comprehensive Text-book of Psychiatry,* Baltimore, Williams & Wilkins, 1980.

Santé et Bien-être social Canada. *Étude sur l'état des recherches en matière de santé mentale; Rapport du groupe d'étude sur la recherche dans le domaine de la santé mentale.* Direction générale des services et de la promotion de la santé, Ottawa, 1978.

Santé et Bien-être social Canada. *L'usage des benzodiazépines au Canada.* Ottawa, 1982.

Sarvis, M.A., Dewees, M.S., Johnston, R.F. A Concept of Ego-Oriented Psychotherapy. *Psychiatry, 22,* 277-287, 1958.

Schlesinger, H.J., Mumford, E., Glass, G.V., Patrick, C., Sharfstein, S. Mental Health Treatment and Medical Care Utilization in a Fee-For-Service System: Outpatient Mental Health Treatment Following the Onset of a Chronic Disease. *American Journal of Public Health*, *73*, 422-429, 1983.

Schneider, A., Sherman, W. Amnesia: A Function of the Temporal Relation of Fastshock to Electroconvulsive Shock. *Science*, *159*, 219-221, 1968.

Schou, M., Juel-Nielsen, N., Stromglen, E., Voldby, H. The Treatment of Mania Psychoses by the Administration of Lithium Salts. *Journal of Neurology, Neurosurgery and Psychiatry*, *17*, 250, 1954.

Sellers, E. Clinical Pharmacology and Therapeutics of Benzodiazepines. *Canadian Medical Association Journal*, *118*, 1533, 1978.

Sellers, E., Kalant, H. Alcohol Intoxication and Withdrawal. *New England Journal of Medicine*, *294*, 757-762, 1976.

Shapiro, D. Empathy, Warmth and Genuineness in Psychotherapy. *British Journal of Social and Clinical Psychology*, *8*, 350-361, 1969.

Shapiro, J.L., Diamond, M.J. Increases in Hypnotizability as a Function of Encounter Group Training: Some Confirming Evidence. *Journal of Abnormal Psychology*, *79*, 112-115, 1972.

Sharaf, M., Levinson, O. The Quest for Omnipotence in Professional Training. *International Journal of Pyschiatry*, *4*, 426-442, 1967.

Shaw, B.F. Comparison of Cognitive Therapy and Behavior Therapy in the Treatment of Depression. *Journal of Consulting and Clinical Psychology*, *45*, 543-551, 1977.

Shipton, B., Spain, A. Implications of Payment of Fees for Psychotherapy. *Psychotherapy: Theory, Research and Practice*, *18*, 68-73, 1981.

Shlien, J.M., Mosak, H.H., Dreikurs, B. Effects of Time Limits: A Comparison of Two Psychotherapies. *Journal of Consulting & Clinical Psychology*, *9*, 313-334, 1972.

Sieman, M.V., Littmann, S.K., Plummer, E., Thornton, J.F., Jeffries, J.J. *Vivre et travailler avec la schizophrénie*. Traduit et adapté par Y. Lamontagne et A. Lasage, Montréal, Edisem et Paris, Maloine, 1983.

Sifneos, P.E. *Short-Term Psychotherapy and Emotional Crisis*. Cambridge, Mass., Harvard University Press, 1972.

Simpson, M.A. *Medical Education: A Critical Approach.* Butterworths, Londres, pp. 80-88, 1972.

Skegg, D., Richards, S., Doll, R. Minor Tranquilizers and Road Accidents. *British Medical Journal,* 1, 917-919, 1979.

Sloane, R.B., Staples, F.R., Cristol, A.H., Yorkston, N.J., Whipper, K. Short-Term Analytically Oriented Psychotherapy versus Behavior Therapy. *American Journal of Psychiatry, 132(4),* 373-377, 1975.

Sloane, R.B., Staples, F.R., Cristol, A.H., Yorkston, N.J., Whiple, K. Patients Characteristics and Outcome in Psychotherapy and Behavior Therapy. *Journal of Cousulting & Clinical Psychology,* 4, 336-339, 1976.

Small, L. Crisis Therapy: Theory and Method. IN: G.D. Goldman et D.S. Milman (Eds). *Innovations in Psychotherapy.* Springfield, 111. Charles C. Thomas, 1972.

Smith, M.L., Glass, G.V. Meta-Analysis of Psychotherapy Outcome Studies. *American Psychologist,* septembre 1977, 752-760.

Solyom, M.L., Heseltime, G.F.D., McClure, D.J., Solyom, C., Ledridge, B., Steinberg, G. Behavior Therapy versus Drug Therapy in the Treatment of Phobic Neurosis. *Canadian Psychiatric Association Journal,* 18, 25-31, 1973.

Spohm, H.E., Lacoursière, R., Thompson, K., Coyne, L. Phenotiazine Effects on Psychological and Psychophysiological Dysfunction in Chronic Schizophrenia. *Archives of General Psychiatry,* 34, 633-644, 1977.

Spring, G., Schweid, D., Gray, C., Steinberg, J., Horwitz, M., Bond, D. A Comparison of Lithium and Chlorpromazine in the Treatment of Manic States. *American Journal of Psychiatry, 126,* 1306, 1970.

Squire, L.R., Chace, P.M. Memory Functions Six to Nine Months after Electroconvulsive Therapy. *Archives of General Psychiatry,* 32, 1557-1564, 1975.

Squire, L., Miller, P. Diminution in Anterograde Amnesia Following-Up Electroconvulsive Therapy. *British Journal of Psychiatry, 125,* 490-495, 1974.

Squire, L.R., Slater, P.C. Bilateral and Unilateral ECT: Effects on Verbal and Non-Verbal Memory. *American Journal of Psychiatry, 10,* 1316-1320, 1978.

Stanton, H.E. Change in Self-Insight During an Intensive Group Experience. *Small Group Behavior,* 6, 487-493, 1975.

Stern, R., Marks, I. Brief and Prolonged Flooding. *Archives of General Psychiatry*, *28*, 270-276, 1973.

Stokes, T.F., Baer, D. An Implicit Technology of Generalization. *Journal of Applied Behavior Analysis*, *10*, 349-368, 1977.

Stravynski, A., Marks, I., Yule, W. Social Skills Problems in Neurotic Outpatients: Social Skills Training with and without Cognitive Modification. *Archives of General Psychiatry*, *39*, 1378-1385, 1982.

Stravynski, A., Shahar, A. The Treatment of Social Dysfunction in Non Psychotic Outpatients: A Review. *Journal of Nervous & Mental Disease*, *171*, 721-728, 1983.

Strupp, H. Clinical Psychology, Irrationalism and the Erosion of Excellence. *American Psychologist*, *31(8)*, 561-571, 1976.

Templer, D., Ruff, C., Armstrong, C. Cognitive Functioning and Degree of Psychosis in Schizophrenics Given Many Electroconvulsive Treatments. *British Journal of Psychiatry*, *123*, 441-443, 1973.

Tourney, G. A History of Therapeutic Fashions in Psychiatry 1800-1966. *American Journal of Psychiatry*, *124*, 784-796, 1967.

Truax, C., Carkuff, R. *Toward Effective Counseling and Psychotherapy*. Chicago, Aldine Press, 1967.

Tyrer, P., Rutherford, D., Huggett, T. Benzodiazepine Withdrawal Symptoms and Propanolol. *Lancet*, *7*, 520-522, 1981.

Uhlenluth, E.H., Lipman, R.S., Covi, L. Combined Pharmacotherapy and Psychotherapy: Controlled Studies. *Journal of Nervous and Mental Disease*, *148*, 52-64, 1969.

Warren, D.I. *Neighborhood and Community Contexts in Help-Seeking, Problem Coping and Mental Health: Data Analysis Monograph*. University of Michigan, août 1976.

Weiner, R.D. The Psychiatric Use of Electrically Induced Seizures. *American Journal of Psychiatry*, *136*, 1507-1517, 1979.

Weinman, B., Gelbart, P., Wallace, M., Post, M. Inducing Assertive Behavior in Chronic Schizophrenics: A Comparison of Socio-Environmental Desensitization and Relaxation Therapies. *Journal of Consulting & Clinical Psychology*, *39*, 246-252, 1972.

Weissberg, M. A Comparison of Direct and Vicarious Treatment of Speech Anxiety: Desensitization, Desensitization and Coping Imagery and Cognitive Modification. *Behavior Therapy*, *8*, 606-620, 1977.

Weissman, M.M. The Psychological Treatment of Depression: Evidence for the Efficacy of Psychotherapy Alone, in Combination with Pharmacotherapy. *Archives of General Psychiatry, 36,* 1261-1269, 1979.

Weissman, M., Klerman, G.L., Paykel, E.S., Prusoff, B., Hanson, B. Treatment Effects of the Social Adjustment of Depressed Patients. *Archives of General Psychiatry, 30,* 771-778, 1974.

Welberg, L.R. (ed). *Short-Term Psychotherapy.* New York, Grune and Stratton, 1965.

West, E.D. Electric Convulsion Therapy in Depression: A Double-Blind Controlled Trial. *British Medical Journal, 282,* 355-357, 1981.

Wharton, R., Fieve, R. The Use of Lithium in the Affective Psychosis. *American Journal of Psychiatry, 123,* 706, 1966.

Williams, R.L., Long, J.D. *Toward a Self-Managed Life Style.* Boston, Houghton Mifflin, 1979.

Wilson, I., Vernon, J., Guin, T. A Controlled Study of Treatments of Depression. *Journal of Neuropsychiatry, 4,* 313-337, 1963.

Wittenborn, J., Plante, M., Burgess, F. A Comparison of Imipramine, Electroconvulsive Therapy and Placebo in the Treatment of Depression. *Journal of Nervous and Mental Disease, 135,* 131-137, 1962.

Wolkon, G.H. Crisis Theory, the Application for Treatment and Dependency. *Comprehensive Psychiatry, 13,* 459-464, 1972.

Wolpe, J. The Practice of Behavior Therapy (2nd ed). New York, Pergamon Press, 1973.

Wolpe, J., Brady, J.P., Serber, M., Agras, W.S., Liberman, R.D. The Current Status of Systematic Desensitization. *American Journal of Psychiatry, 130,* 961-965, 1973.

Workam, D.S., Cunningham, D. Effect of Psychotropic Drugs on Agression in a Prison Setting. *Canadian Family Physician, 21(11),* 63-66, 1975.

Yalom, I. *The Theory and Practice of Group Psychotherapy.* New York, Basic Books, 1975.

Yates, A.J. *Theory and Practice of Behavior Therapy,* New York, Wiley, 1975.

Yates, B.T. Improving the Cost-Effectiveness of Obesity Programs: Three Basic Strategies for Reducing the Cost per Pound. *International Journal of Obesity, 2,* 249, 1978.

Yates, B.T., Newman, F.L. Findings of Cost-Effectiveness and Cost-Benefit Analyses of Psychotherapy. IN: G.R. Vandenbos (Ed.) *Psychotherapy: Practice, Research, Policy*. Beverly Hill, Sage Publications.

Zitrin, C.M., Klein, D.F., Lindemann, C., Tobak, P., Rock, M., Kaplan, J.H., Ganz, V.H. Comparisons of Short-Term Treatment Regimens in Phobic Patients. IN: R.L. Spitzer et D.F. Klein (Eds). *Evaluation of Psychological Therapies*, Baltimore, John Hopkins University Press, 1976.

Zitrin, C.M., Klein, D.F., Woerner, M.G. Behavior Therapy, Supportive Psychotherapy, Imipramine and Phobias. *Archives of General Psychiatry*, *35*, 307-316, 1978.

Bibliographie

Relative à l'efficacité du support dans la communauté et des interventions de réadaptation chez les adultes ayant des troubles psychiatriques majeurs.

Angelo, G., Di Bella, W., Weitz, G.W., Pounterberg, D. et Yurmark, J.L. (1982). *Handbook of Partial Hospitalization*, N.Y., Brunner/Mazel Inc.

Anthony, W.A. & Farkas, M. (1982). A Client Outcome Planning Model for Assessing Psychiatric Rehabilitation Intervention. *Schizophrenia Bulletin 8(1)*.

Anthony, W.A., Cohen, M.R., Vitalo, R. (1978). The Measurement of Rehabilitation Outcome. *Schizophrenia Bulletin, Special issue on Community Support Systems*.

Anthony, A., Buell, G.J., Sharratt, F., Althoff, M.E. (1972). Efficacy of Psychiatric Rehabilitation. *Psychological Bulletin No. 78*, 447-456.

Anthony, W.A., Buell, G.J. (1974). Predicting Psychiatric Rehabilitation Outcome Using Demographic Characteristics: A Replication. *Journal of Counselling Psychology, 21(5)*, 421-422.

Anthony, W.A. (1979). *Principles of Psychiatric Rehabilitation*. Amherst, Mass., Human Resource Development Press.

Apte, R.Z. (1968). *Halfway Houses*. London, Bell.

Attkisson, C.C., Broskowrski, A. (1978). Evaluation and the Emergency Human Service Concept. IN C.C. Attkisson, W.A. Hargreaves, M.J. Horowritz, J.E. Sorensen, *Evaluation of Human Service Programs*. Academic press, p. 24.

Auerbach, E.D. & Pattison, E.M. (1976). Outcome of Social Rehabilitation: Whom Does it Help. *Social Psychiatry, 11*, 33-40.

Bachrach, L.L. (1976). *National Institute of Mental Health Deinstitutionalization: An Analytical Review and Sociological Perspective*. DHEW Publication No. (ADM) 76-351, Superintendent of Documents, U.S. Government Printing Office, Washington, D.C. 20402.

Bachrach, L. (1982). Assessment of Outcomes in Community Support Systems: Results, Problems and Limitations. *Schizophrenia Bulletin, 8(1)*, 39-60.

Bachrach, L.L. (ed) (1983). *Deinstitutionalization in New Directions for Mental Health Services N.I.M.H.*

Beard, J., Pitt, R.B., Fisher, S.H. & Goerzel, V. (1963). Evaluating the Effectiveness of a Psychiatric Rehabilitation Program. *American Journal of Orthopsychiatry, 33*, 701-712.

Beard, J.H., Malamud, T.J. & Rossman, E. (1978). Psychiatric Rehabilitation and Long-Term Rehospitalization Rates: The Findings of Two Research Studies. *Schizophrenia Bulletin, 4(4)*, 662-635.

Becker, A., Schulberg, H.C. Phasing out State Hospitals — A Psychiatric Dilemma. *N. Eng. J. Med, 294*, 255-261.

Beels, C. (1978). Social Network, the Family and the Schizophrenic Patient. *Schizophrenia Bulletin, 4(4)*.

Beels, C. (1981). Social Support and Schizophrenia. *Schizophrenia Bulletin, 4(1)*.

Black, B.J. (1970). *Principles of Industrial Therapy for the Mentally Ill*. Grune and Stratton, N.Y.

Blanchette, L. et al. (1982). *Réseau primaire et santé mentale: une expérience et recherche-action*. Unité de recherche psychosociale, Centre de psychiatrie communautaire, Centre Hospitalier Douglas, Montréal.

Braun, P., Kochansky, G., Shapiro, R. et al. (1981). Overview: Deinstitutionalization of Psychiatric Patients, A Critical Review of Outcome Studies. *Am. J. Psychiatry, 138*, 6.

Brook, B.D. (1973). An Alternative to Psychiatric Hospitalization for Emergency Patients. *Hospital and Community Psychiatry, 24*, 621-624.

Budson, R.D., Jolley, R.E. (1978). A Crucial Factor in Community Program Success: The Extended Psychosocial Kinship System. *Schizophrenia Bulletin, 4(4)*.

Buel, G.J., Anthony, W.A. (1973). Demographic Characteristics as Predictors of Recidivism and Post-Hospital Employment. *Journal of Counselling Psychology, 20(4)*, 361-365.

Buel, G.J., Anthony, W.A. (1975). The Relationship Between Patient Demographic Characteristic and Psychiatric Outcome. *Community Mental Health Journal, 11(2)*, 208-214.

Byers, E.S., Cohen, S.H., Hersbayer, D. (1979). The Quantity and Quality of After Care Servies: Relationship into Recidicism in Mental Hospital Parents. *Canadian Journal of Behavioral Service, 11(1)*, 11-20.

Carpenter, J.O., Boureston, N.C. (1976). Performance of Psychistric Hospital Discharges in Strict and Tolerant Environments. *Community Mental Health, 12:1*, 45-51.

Carpentier, M.D. (1978). Residential Placement for the Chronic Psychiatric Patient: A Review and Evaluation of the Literature. *Schizophrenia Bulletin, 4 (3)*, 384-398.

Casarino, J.P., Wilner, M., Maxey, J.T. (1982). American Association for Partial Hospitalization (AAPH) Standards and Guidelines for Partial Hospitalization. *International Journal of Partial Hospitalization, 1*, 5-21.

Cometa, M.H., Morrison, J.K. & Zishoren, M. (1979). Halfway to Where? A Critique of Research on Psychiatric Halfway Houses. *Journal of Community Psychology, 7*, 23-27.

Cook, T.D. & Campbelle, D.T. (1979). *Quasi Experimentation Design & Analysis Issues for Field Settings*. Rand McDally College Publishing Co. Chicago.

Craig, T.J. & Kline, N.S. (1982). Factors Associated with Recidivism: Implications for a Community Support Systems. *Community Support Service Journal*, Vol. II, No. 2.

Davis, A.E., Dinitz, S. & Pasamanick, P. (1974). *Schizophrenics in the New Custodial Community: Five Years after the Experiment*, Colombus, Ohio State University Press.

Davis, A.E., Dinitz, S. & Pasamanick, B. (1972). The Prevention of Hospitalization in Schizophrenia: Five Years after an Experimental Program. *American Journal of Orthopsychiatry, 43*, 375-388.

Di Bella, G.A.W., Weetz, G.W., Poynter-berg, D. & al. (1982).*Handbook of Partial Hospitalization*, N.Y., Brunner-Mazel.

Dellario, D.J. & Anthony, A. (1981). On the Relative Effectiveness of Institutional and Alternative Placement for the Psychiatrically Disabled. *The Journal of Social Issues*, Vol. 37, No. 3.

Dincin, J. & Witheridge, T.F. (1978). *Comparing the Effectiveness of Two Community Treatment Programs: A Summary of the Final Report*. Unpublished manuscript (Summary of final report of Illinois DMHD Research and Development Grant, No. 518).

Direction des politiques de santé (1982). *Projet de politique de santé mentale au Québec*, M.A.S.

Ebringer, L.C., Brown, J.R.W. (1980). Social Deprivation Amongst Short-Stay Psychiatric Patients. *British Journal of Psychiatric, 136*, 46-52.

Engelhart, D.M., Rosen, B. (1976). *Implications of Drug Treatment for the Social Rehabilitation of Schizophrenic Patients*, Vol. 2, No. 3.

Erickson, R.C. (1975). Outcome Studies in Mental Hospitals: A Review. *Psychological Bulletin, 82*, 519-540.

Fairweather,G.W., Sanders, D.H., Maynard, H. & Cressler, D.L. (1969). *Community Life for the Mentally Ill, An Alternative to Institutional Care*. Chicago, Aldine Publishing Co.

Fairweather, G.W. (1980). *The Fairweather Lodge, A Twenty-Five Year Retrospective*, New Directions for Mental Health Services, No. 7, San Francisco: Jossey Bass Inc.

Fenton, F.R., Tessier, L., Struening, E.L. (1979). A Comparative Trial of Home and Hospital Psychiatric Care: One-Year Follow-Up. *Archives of General Psychiatry, 36*, 1 073-1 979.

Fenton, F.R., Tessier, L., Struening, E.L., Smith, F.A. & Benoit, C. (1982). *Home and Hospital Psychiatric Treatment*, University of Pittsbury.

Flomenhaft, K., Kaplan, D.M. & Langsley, D.G. (1969). Avoiding Psychiatric Hospitalization, *Social Work, 16*, 38-45.

Gaston, L. & Hodgins, S. (1983). Services communautaires auprès des patients « chroniques ». *Cahier de recherche No. 4*, Institut Philippe-Pinel de Montréal, Miméographie.

Goofman, E. (1961). *Asylums*. Gardens City, N.Y., Doubleday.

Goldmeir, J., Shore, M.F. & Mannino, F.V. (1977). Cooperative Apartments: New Programs in Community Mental Health. *Health and Social Work, 2 (1)*, 119-140.

Goldmeir, J. (1975). *New Directions in Aftercare: Cooperative Apartment Living*, Adelphie M.D., National Institute of Mental Health.

Goldmeir, J. (1977). Community Residential Facilities for Former Mental Patients: A Review. *Psychosocial Rehabilitation Journal*, Vol. 1, No. 4.

Grad, J. & Sainsbury, P. (1966). *Evaluating the Community Psychiatric Service in Chichester: Results In: Evaluating the Effectiveness of Community Mental Health Services*. E.M. Grunberg (ed), New York, Milbank Memorial Fund, pp. 246-278.

Grad, J. & Sainsbury, P. (1968). The Effects That Patients Have on Their Families in a Community Care and a Control Psychiatric Service, A Two Year Follow-Up. *Br. J. Psychiatry, 114*, 265-278.

Gravel, G.-B., Boyer, R. & Lamontagne, Y. (1984). *L'attitude des malades chroniques envers l'hôpital psychiatrique*, Miméographie.

Greenblatt, M., Becerra, R.M. & Seraferinides, E.A. (1982). Social Networks and Mental Health, An Overview. *American Journal Psychiatry, 139*, 8, 977-984.

Greene, L.R. & de la Cruz, A. (1981). Psychiatric Treatment: An Alternative to and Transition from Full-Time Hospitalization. *Comm. Mental Health Journal, 17*, 191-202.

Gruber, J.E. (1982). *Paths and Gates: The Sources of Recidivism and Length of Stay on a Psychiatric Ward Medical care*, Vol. XX, No. 12.

Gruenberg, E. (1967). The Social Breakdown Syndrome, Some Origins. *American Journal Psychiatry, 123*, 1 481-1 489.

Guay, J. (1981). Le réseau social de l'ex-patient psychiatrique. *Revue québécoise de psychologie, 2(3)*, Spécial, octobre, 41-57.

Hammer, M., Makieski-Barrow, S. & Cutwirth, L. (1978). Social Networks and Schizophrenia. *Schizophrenia Bulletin 4(4)*, 522-545.

Hersen, M. (1979). *Research Considerations in Partial Hospitalization: A Current Perspective*. Luber R.F. (ed), New York Plenum Press.

Herz, M.I. (1982). Research Overview in Day Treatment. *International Journal of Partial Hospitalization, 1*, 33-44.

Herz, M.I., Endicott, J., Spitzer, R.L. & Mesnikoff (1971). A Day Versus Inpatient Hospitalization: A Controlled Study. *American Journal of Psychology, 127 (10)*, 107-117.

Herz, M.I., Endicott, J. & Gibbon, M. (1979). Brief Hospitalization: Two Year Follow-Up. *Archives of General Psychiatry, 36*, 701-705.

Hospital and Community Psychiatry (1983), Vol. 34, No. 2, Special section on deinstitutionalization, pp. 129-150.

Jenicer, M. & Cleroux, R. (1983). *Épidémiologie*, Edisem St-Hyacinthe, Québec, 454 pages.

Katkin, S., Zimmerman, V. & Rosenthal, J. (1975). Using Volunteer Therapists to Reduce Hospital Readmissions. *Hospital and Community Psychiatry, 26*, 151-153.

Kiesler, C.A. (1982). Mental Hospitals and Alternative Care, Non institutionnalization as Potential Public Policy for Mental Patients. *American Psychologist, 37:4*, 349-360.

Kiesler, C.A. (1982). Public and Professional Myths About Mental Hospitalization, An Empirical Ressessment of Policy-Related Beliefs. *American Psychologist, 37:12*, 1 323-1 339.

Kirk, S.A. (1976). Effectivement of Community Services for Discharged Mental Hospital Patients. *American Journal Ortho-psychiatry, 46*, 646-659.

Klein, D.F. (1980). Psychosocial Treatment of Schizophrenia, or Psychosocial Help for People with Schizophrenia. *Schizophrenia Bulletin, (6)*, 122-130.

Kris, E.B. (1961). Prevention of Rehospitalization Through Relapse Control in a Day Hospital. In M. Greenblatt et al., (eds), *Mental patients in transition*, Springfield, Ill., Thomas.

Krowinski, W.J. & Fitt, D.X. (1978). *On the Clinical Efficacy and Cost Effectiveness of Psychiatric Partial Hospitalization Versus Traditional Impatient Care with Six Month Follow-Up Date*. Report to Capital Bleu Cross, Reading Hospital and Medical Center, Day Treatment Center.

Lamb, H.R. & Goertzel, V. (1971). Discharged Mental Patients: Are They Really in the Community? *Archives of General Psychiatry, 24*, 29-34.

Lamb, H.R. et al. (1971). *Rehabilitation in Community Mental Health*, San Francisco, Jossey Bass.

Lamb, H.R. (1982). *Treating the Long-Term Mentally Ill*, Jossey Bass, San Francisco, Beyond Deinstitutionalization.

Langsley, D.G., Yarvis, R.M. (1978). The Sacramento Story. In Stein L.I. et Test M.A. (eds), *Alternatives to Mental Hospital Treatment*, Plenum Press.

Langsley, D.G., Pittman, F.S. et al. (1968). Family Crises Therapy. *Results and implications Family Process, 7*, 145-168.

Langsley, D.G., Flomenhaft, K. & Machotka, P. (1969). Follow-Up Evaluation of Family Crises Therapy. *American Journal Ortho-psychiatry, 39*, 753-759.

Langsley, D.G., Machotka, P. & Flomenhaft, K. (1971). Avoyding Mental Hospital Admission: A Follow-Up Study. *American Journal Psychiatry, 127*, 1391-1394.

Lesage, A. & Lamontagne, Y. Vers une redéfinition de la psychiatrie communautaire au Québec. *Canadian Journal of Psychiatry*, (sous presse).

Levenson, A.J., Lord, C.J., Sermas, C.E., Thornby, J.I., Sullender, W. & Comstock B.A. (1977). Acute Schizophrenia: An Efficacious Out-Patient Treatment Approach as an Alternative to Full-Time Hospitalization. *Diseases of the Nervous System*, April, 242-245.

Lewis, D.A., Huji, R. (1981). Therapeutic Stations and the Chronically Treated Mentally Ill. *Social Service Review, 55(2)*, 206-220.

Liberman, R.P. (1982). Assessment of Social Skills. *Schizophrenia Bulletin*, Vol. 8, No. 1.

Linn, M.W., Klett, J. & Caffey, E.M. (1980). Foster Homes Characteristics and Psychiatric Patient Outcome. *Archives of General Psychiatry, 37*, 129-132.

Linn, M.W., Caffey, E.M., Klett, J. & Hogarty, G. (1977). Hospital Versus Community (Foster) Care for Psychiatric Patients. *Archives of General Psychiatry, 34*, 78-83.

Lorei, T.W. & Gurel, L. (1973). Demographic Characteristics as Predictors of Post-Hospital Employment and Readmission. *Journal of Consulting and Clinical Psychology, 40:3*, 426-430.

Luber, R.F. (1979). *Partial Hospitalization: A Current Perspective*, N.Y., Plenum Press.

Marx, A.J., Test, M.A. & Stein, D.F. (1977). Extrohospital Management of Severe Mental Illness: Feasibility and Effects of Social Functioning. *Archives of General Psychiatry, 29*, 505-511.

Marzillier, J. (1978). Outcome Studies of Skills Training: A Review. In Trower Peter et al., *Social Skills and Mental Health*, Methuen & Co, London.

Mattes, J. (1982). The Optimal Lenght of Hospitalizations for Psychiatric Patients. *A review of the Literature Hospital and Community Psychiatry, 33:10*, 824-828.

Mc Farlane, W.R., Beels, C.C. & Rosenheck, S. (1983). New Developments in the Family Treatment of Psychotic Desorders. *Psychiatry up date The American Psychiatric Association Annual Review*, Vol. 11, Lester Grinspoon (ed), American Psychiatric Press, Washington, pp. 242-257.

Meltzoff, J. & Blumenthal, R. (1966). *The Day Treatment Center Springfield, III*. Charles C. Thomas Publisher.

Mendel, W. (1975). A Flexible and Responsive Non-Hospital Patient Care Program. Chapter in: *The Changing Mental Health Scene*, Hirschowitz R. (ed), Spectrum Publications.

Meyer, H.J. & Borgatta, E.F. (1959). *An Expriment in Mental Patient Rehabilitation*. New York, Russell Sage.

Minkoff, K. (1980). A Map of the Chronic Mental Patient. In J. Talbot (ed), *The Chronic Mental Patient*, A.P.A.

Mitchell, R.E. & Trickett, E.J. (1980). Tack Force Report: Social Networks as Mediators of Social Support, An Analyses of the Effects and Determinants of Social Networks Community. *Mental Health Journal, 16:1*, 27-44.

Mosher, L.R. & Menn, A.Z. (1978). Lowered Carries in the Community: The Soteria Model. In *Alternatives to Mental Hospital Treatment*, L.I. Stein and M.A. Test (eds). N.Y., Plenum Press, pp. 75-113.

Mosher, L.R. & Keith, S.J. (1980). Psychosocial Treatment: Individual Group, Family and Community Support Approaches. *Schizophrenia Bulletin, 61*, 10-41.

Mosher, L.R. & Menn, A.Z. (1978). Community Residential Treatment for Schizophrenia: Two Year Follow-Up. *Hospital and Community Psychiatry, 29*, 715-723.

Mosher, L.R., Menn, A.Z. & Matthews (1975). Soteria: Evaluation of a Home-Based Treatment for Schizophrenia. *American Journal of Orthopsychiatry, 45*, 455-467.

Moskowitz, I. (1980). The Effectiveness of Day Hospital Treatment: A Review. *Journal of Community Psychology, 8*, 155-164.

Murphy, H.B.M., Pennee, B. & Luchens, D. (1972). *Les foyers nourriciers: une nouvelle arrière-boutique?* Supplément No. 71 de l'hygiène mentale au Canada.

Nelson, R.O. (1981). Realistic Dependent Measures for Clinical Use. *Journal of Consulting and Clinical Psychology, 49(2)*, 168-182.

Pasamanick, B., Scarpitti, F. & Dinitz, S. (1967). *Schizophrenics in the Community, An Experimental Study, in the Prevention of Hospitalization*, N.Y., Appleton Century Crofts.

Paul, G.L. & Lenz, R.J. (1977). *Psychosocial Treatment of Chronic Mental Patients*. Cambridge, Mass., Harvard University Press.

Polak, P.R. (1978). An Comprehensive System of Alternative to Psychiatry Hospitalizations. In *Alternatives to Mental Hospital Treatment*, L.I. Stein and M.A. Test (eds), N.Y., Plenum Press, 115-137.

Polak, P.R., Kirby, M. (1976). A Model to Replace Psychiatric Hospitals. *J. Nerv. Ment. Dis.*, *162*, 13-22.

Quider, M. & Got, R. (1982). *Marginaux de la santé. La réadaptation sociale en psychiatrie*. Les éditions E.S.F., Paris.

Rabiner, E.L., Wells, C.F., Struening, E., Schmeidler, J. (1983). Toward a Holistic Model for Predicting Community Re-Entry Performance. *American Journal of Orthopsychiatry*, *53:2*, 303-314.

Rapoport, R.N. (1974). *La communauté thérapeutique*, F. Maspero, Paris.

Riesman, C.K., Rabkin, J.G. & Struening, E.L. (1977). Brief versus Standard Hospitalization: A Critical Review of the Literature. *Com. Mental Health Review*, 2, 2-10.

Rosenblatt, A. & Mayer, J.E. (1974). The Recidivism of Mental Patients: A Review of Past Studies. *American Journal of Orthopsychiatry*, *44*, 697-706.

Rowley, D. (1982). *Ressources alternatives en santé mentale*. Travail présenté au secrétariat du Comité de la santé mentale du Québec.

Rutman, I.D. (1971). *Preventing Chronicity: A Study of Three Alternatives*. Unpublished report, Hill House, Philadelphia.

Sackett, D.L. (1974). *Evaluation of Innovative Community Ambulatory Care Programs During Periods of Social Change*. Hasting Commission Publications, Canadian Public Health Association.

Schooler, C. & Spohn, H.E. (1982). Social Dysfunction and Treatment Failure in Schizophrenia. *Schizophrenia Bulletin*, Vol. 8, No. 2.

Schulberg, H.C., Becker, A., McGrath, M. (1976). Planning the Phasedown of Mental Hospitals. *Community Mental Health Journal*, *12*, *1*, 3-12.

Segal, S.P. & Aviram, U. (1978). *The Mentally Ill in Community*. Based Sheltered Care, John Wiley & Sons, N.Y.

Sheldon, A. (1964). An Evaluation of Psychiatric Aftercare. *British Journal of Psychiatry*, *110*, 662-667.

Siegel, L.M., Attkisson, C.C., Carson, L.G. (1978). Need Identification and Program Planning in the Community Context. In C.C. Attkisson, W.A. Hargreaves, M.J. Horowritz, J.E. Sorensen, *Evaluation of Humon Service Programs*. Academic press, p. 223.

Stack, L.C. (1975). Ecological Factors Related to First Psychiatric Admissions. *Journal of Community Psychiatry, (3)*, 215-223.

Stein, L.I. & Test, M.A. (1978). *Alternatives to Mental Hospital Treatment*. Plenum Press, N.Y. and London.

Stein, L.I. & Test, M.A. (1980). Alternatives to Mental Hospital Treatment I Conceptual Model, Treatment Program and Clinical Evaluation. *Arch. Gen. Psychiatry*, 37, 392-397.

Straw, R.B. (1982). *Meta-Analyses of Deinstitutionalization in Mental Health*. Unpublished doctoral dissertation, North Western University.

Suchman, E.A. (1967). *Evaluative Research Principles and Practice in Public Service and Social Action Programs*. N.Y., Russell Sage Foundation.

Tessler, R.C. & Goldman, H.H. (1982). *The Chronically Mentally III: Assessing Community Support Programs*. Ballinger Publishing Company Cambridge Massachusetts, A Subsidiary of Harper & Row Publishers Inc.

Tessler, R.C., Bernstern, A.G., Rosen, B.M. (1982). The Chronically Mentally III. *Community Support Systems Hospital and Community Psychiatry, 33(3)*.

Test, M.A. & Stein, L.I. (1980). Alternative to Mental Hospital Treatment III. *Social Costs, Arch. Gen. Psychiatry*, 37, 409-412.

Test, M.A. & Stein, L. (1978). Community Treatment of the Chronic Patient: Research Overview. *Schizophrenia Bulletin*, Special Issue on Community Support Systems.

The Young Adult Chronic Patient (1982). *New Directions for Mental Health Services*, No. 14, Jossey Bass Inc.

Turner, J.C. (1980). Community Support Program Update. *Innovations*, Vol. 7, No. 2.

Turner, J.C. & Shefren I. (1979). Community Support Systems: How Comprehensive? *New Directions for Mental Health Services, 2*, 1-23.

Turner, J.C. (1977). Comprehensive Community Support Systems for Sercrely Mentally Disabled Adults. *Psychological Rehabilitation Journal, 1*, 39-47.

Vaughn, C.E. & Leff, J.P. (1976). The Influence of Family and Social Factors in the Course of Psychiatric Illness. *British Journal of Psychiatry, 129*, 125-137.

Vaughn, C.E. & al. (1982). Family Factors in Schizophrenic Relapse: A Replication. *Schizophrenia Bulletin, 8 (2)*, 425-426.

Wallace, C.J. & al. (1980). A Review and Critique of Social Skills Training with Schizophrenic Patients. *Schizophrenia Bulletin, 6(1)*.

Wallot, H. (1980). La problématique de la désinstitutionnalisation aux U.S.A. *L'information psychiatrique, 56:8*, 949-965.

Washburn, S., Vannicelli, M., Longabaugh, R. & Scheff, B.J. (1976). A Controlled Comparison of Psychiatric Day Treatment and Inpatient Hospitalization. *Journal of Consulting and Clinical Psychology, 44*, 665-675.

Watson, C.G., Fulton, J.R. & Gurel, L. (1975). Project Anchor: A Study of an Unsuccessful Volunteer Program to Help Former Patients. *Hospital and Community Psychiatry, 26*, 146-151.

Weisbrod, B.A., Test, M.A. & Stein, L.I. (1980). Alternative to Mental Hospital Treatment II, Economic Cost-Benefit Analyses. *Arch. Gen. Psychiatry, 37*, 400-405.

Weiss, K.J. & Dubin, W.R. (1982). Partial Hospitalization: State of the Art. *Hosp. and Community Psychiatry*, Vol. 33, No. 11.

Wilder, J.F., Levin, G. & Zwerling, G.I. (1966). A Two-Year Follow-Up Evaluation of Acute Psychotic Patients Treated in a Day Hospital. *American Journal of Psychiatry, 122*, 1 095-1 111.

Wing, J.K. & Morris, B. (eds) (1981). *Handbook of Psychiatric Rehabilitation Practice*, London, Oxford University Press.

Wing, J.K. (1978). Planning and Evaluating Services for Chronically Handicapped Psychiatric Patients in the United Kingdom. In *Alternatives to Mental Hospital Treatment*, L.I. Stein and M.A. Test (eds), N.Y., Plenum Press.

Wolkon, G.H., Karmen, M. & Tanaka, H.T. (1971). Evaluation of a Social Habilitation Program for Recently Released Psychiatric Patients. *Community Mental Health Journal, 7(4)*, 312-322.

Liste des remerciements

Les auteurs de cet Avis remercient toutes celles et tous ceux qui les ont appuyés dans leur travail.

Ils adressent des remerciements très particuliers aux personnes qui ont procédé pour eux à une importante recension d'écrits pour leur ouvrage, ainsi qu'à une analyse et à une synthèse de ces écrits. Ces remerciements sont adressés à :

Madame Johanne Dompierre
Madame Amparo Garcia
Monsieur Jean Toupin
et Madame Thérèse Dostie

Ils remercient très cordialement aussi toutes celles et tous ceux qui leur ont communiqué de l'information dans le cadre de la consultation qu'ils ont menée auprès du réseau des Affaires sociales, des départements universitaires, des associations, des corporations et de la population sur l'objet de leur recherche. Ces remerciements sont plus spécifiquement adressés à (ou au(x)) :

— La Corporation professionnelle des ergothérapeutes du Québec.
— La Corporation professionnelle des psychologues du Québec.
— La Corporation professionnelle des infirmières et infirmiers auxiliaires du Québec.
— M. Yvon-Robert Lavoie, du Service d'orientation et de réadaptation professionnelles à l'Hôpital Louis-H. Lafontaine.
— M. Michel Mongeon, consultant au D.S.C. de l'Hôpital Sainte-Justine.
— Infirmiers, infirmières, infirmiers et infirmières auxiliaires du Département d'admission du Centre psychiatrique de Roberval.
— Psychologues du Centre psychiatrique de Roberval.
— Dr Sheilagh Hodgins, Ph. D., Directrice du Service de recherche de l'Institut Philippe-Pinel de Montréal.
— Madame Louise LaRue, Coordonnatrice du Projet-Nord au Centre hospitalier de l'Université Laval.
— Dr Bernard Magnan, m.d., Directeur des services professionnels au Centre hospitalier Pierre-Boucher.
— L'Association des Hôpitaux du Québec.

— Départements de santé communautaire de l'Hôpital de Chicoutimi et de l'Hôpital de Roberval.
— des intervenants du C.L.S.C. des Grands-Bois et des parents de l'Association des parents 0-5 ans de Chapais et Chibougamau.
— C.L.S.C. Saguenay-Nord.
— des intervenants psychosociaux du C.L.S.C. Châteauguay et Madame Claudine Laurin, Responsable de la ressource alternative « La maison sous les arbres » de Châteauguay.
— Conseil régional de la santé et des services sociaux de l'Abitibi-Témiscamingue.
— L'Association des centres de services sociaux du Québec.
— Madame Marie Leclerc, du Service de Condition féminine au ministère des Affaires sociales du Québec.
— Madame Laurette Champigny-Robillard, Présidente de l'Office des personnes handicapées du Québec.
— l'École de psycho-éducation de l'Université de Montréal.
— Groupe de recherche sur les pratiques de réseaux de l'École de service social de l'Université de Montréal.
— l'Association québécoise des parents et amis du malade mental — Section Rive-Sud (AQPAMM-RS).
— Madame Micheline Côté, Présidente de l'Association « Psycohésion » de Valleyfield.
— Dr J.-Luc Perron, m.d., psychiatre à Saint-Georges-Ouest.
— Dr Marc Grenier, m.d., de la Direction de la santé communautaire et des politiques de santé au ministère des Affaires sociales du Québec.

Ils remercient Monsieur Christian Boutet pour la synthèse qu'il fit de toute l'information reçue dans le cadre de cette consultation.

Ils tiennent aussi à exprimer leur reconnaissance pour le support reçu
— au Dr Isaac Marks de l'« Institute of Psychiatry » de Londres.
— au Dr Melvin Sabshin de l'« American Psychiatric Association ».
— au Dr Stephen Goldston, Directeur de l'« Office of Prevention », au « National Institute of Mental Health (NIMH) ».
— au Dr E.L. Struening, du « New York State Office of Mental Health » et de l'Université Columbia.
— au Dr Neil Brown, Directeur de la « Community Support and Rehabilitation Branch » au « National Institute of Mental Health (NIMH) ».

— au Dr George W. Albee, de l'Université du Vermont.

— au Dr Emory L. Cowen, de l'Université de Rochester.

— au Dr David R. Offord, de l'Université McMaster.

— au ministère des Services communautaires et sociaux de l'Ontario.

— au ministère de la Santé de l'Ontario.

— au ministère de la Santé et du Bien-être social du Canada.

— aux Drs Thornton et Shaw du « Clark Institute of Psychiatry » de Toronto.

Ils remercient Monsieur Pierre Vendette, Secrétaire du Comité de la santé mentale du Québec, pour sa participation à toutes les réunions du Groupe de travail responsable de la préparation de cet Avis et pour ses diverses et nombreuses contributions à la préparation et à la mise en forme du texte de cet Avis.

Ils remercient une fois encore le docteur Marc Grenier pour sa participation à la révision de la forme du texte final de cet Avis.

Ils désirent enfin remercier nommément pour leur appui à la préparation et à la mise en forme de cet Avis les personnes et entités suivantes :

— le Centre hospitalier Côte-des-Neiges.

— la Direction de la santé communautaire et des politiques de santé, ainsi que le Service aux communautés autochtones de la Direction « Liaison avec les régions périphériques » du ministère des Affaires sociales.

— Mesdames Monique Ingels et Marie-Josée Lessard, étudiantes graduées en psychologie.

— Messieurs Camil Lemire et Marc Custeau, bibliothécaires.

— Mesdames Colombe Barbeau, Diane Berthelet, Anne Duclos, Maude Dubois et Dolorès Nolet-Gosselin, secrétaires.

Première partie

L'efficacité des modes préventifs d'intervention en santé mentale chez les adultes

« Mieux vaut prévenir que guérir ». Cet adage fait couler beaucoup d'encre encore aujourd'hui. En effet, nombreuses sont les personnes qui croient que l'essentiel de notre système de santé et de services psychosociaux doit dorénavant porter sur l'éradication des problèmes à leurs sources mêmes, alors que d'autres soutiennent que la prévention est une tâche impossible pour qui ne connaît pas la cause des problèmes.

Même entre les protagonistes d'une approche préventive, il y a mésentente quant aux stratégies d'intervention. On s'accuse tantôt d'être des révolutionnaires exigeant une distribution plus équitable de la richesse, tantôt de vouloir créer des surhommes ou des surfemmes qui ne feraient que s'ajuster aux conditions actuelles de vie sans les remettre en question.

Il est certain qu'il y a toute une polémique entourant la question de la prévention, d'abord sur la possibilité même de prévenir, sur les stratégies à privilégier et sur l'effort à y consentir en comparaison avec le traitement et la réadaptation.

Par ailleurs, il a toujours été plus facile de parler de prévention chez le nourrisson, le jeune enfant ou l'adolescent. Plusieurs pratiques préventives sont acceptées comme le counseling génétique, le dépistage systématique, les programmes d'éducation sexuelle. Il y a cependant une résistance certaine lorsqu'il s'agit de l'adulte ; en effet, il existe moins de programmes, moins de recherches et il y a de nombreux débats en ce qui concerne les valeurs possiblement « imposées » par de tels programmes.

Dans le cadre d'une révision de nos pratiques en santé mentale chez les adultes, il nous a semblé urgent de nous prononcer sur l'à-propos d'investir dans les approches préventives.

Ce texte, qui est essentiellement une recension critique des recherches évaluatives sur des programmes de prévention pour adultes, veut donc contribuer à éclairer les choix politiques et à faciliter le travail des intervenants. Avant de s'attarder aux conclusions de cette recension, il faut préciser ce que nous entendons par prévension.

Nous avons choisi de regrouper sous le mot prévention des activités visant à empêcher les troubles mentaux et les problèmes psychosociaux de survenir ainsi que celles qui tentent de réduire la probabilité de leur apparition. Il s'agit donc de ce que certains auteurs nomment la prévention primaire. Sont donc exclues de notre recension, les activités se limitant à l'identification précoce ou au dépistage de troubles mentaux ou de problèmes psychosociaux, au traitement ou à la réadaptation.

Nous nous inspirons d'ailleurs des exigences édictées par Cowen pour identifier un véritable programme de prévention. Il faut donc :

1. que le programme s'adresse à un groupe ou à une masse d'individus (ou à une communauté) plutôt qu'à un individu ; cependant, certaines activités peuvent impliquer des contacts individuels ;
2. que le programme intervienne avant la situation problème, c'est-à-dire se soucier des personnes n'ayant pas encore vécu de mésadaptation ; par contre, elles peuvent constituer des personnes à risque compte tenu de leur situation de vie ou de leurs expériences récentes ;
3. que le programme s'appuie sur de solides connaissances de telle sorte qu'il ait le potentiel d'améliorer la santé mentale ou de prévenir une mésadaptation.

La première exigence de Cowen qui est de s'adresser à un groupe d'individus est assez simple à comprendre et ne fait pas l'objet de discussion. Elle reste cependant un critère essentiel qui nous amène à refuser le titre de préventif à toute intervention menée uniquement dans un cadre de relation thérapeutique individuelle, que ce soit dans le cabinet de l'omnipraticien ou dans une clinique offrant des services psychosociaux, etc.

La deuxième exigence de Cowen nous amène à nous interroger sur les clientèles cibles des programmes de prévention.

Nous relevons à ce sujet deux propositions. La première, se présentant sous l'expression prévention réactive, s'intéresse aux gens ou aux communautés déjà aux prises avec certaines difficultés ou encore cumulant des facteurs de risques ou venant de vivre des événements stressants. Notons que ces difficultés sont décrites comme mineures ou encore n'ayant pas mené à la consultation d'un spécialiste en santé mentale. La deuxième proposition prend le nom de promotion et s'adresse uniquement aux personnes et aux communautés bien portantes voulant soit se prémunir contre les difficultés ou encore s'assurer une meilleure qualité de vie.

Par exemple, un programme de prévention de la dépression pourrait dans un volet de prévention réactive s'adresser par l'entremise des media à des gens ayant déjà ressenti certains symptômes dépressifs afin de les outiller à modifier leurs environnements et leurs comportements. Dans un volet de promotion, ce programme s'adresserait à des personnes bien portantes comme des femmes enceintes, par exemple, pour les informer de l'importance d'avoir des attentes réalistes face au bébé, de se ménager un bon système de support, etc.

Finalement, la troisième exigence de Cowen de fonder des programmes sur des connaissances solides, nous incite à voir si les programmes d'interventions préventives actuels reposent sur des modèles théoriques reconnus et des données valides. Dans un premier temps, nous avons voulu vérifier s'il y avait suffisamment de modèles et de données disponibles sur lesquels on peut bâtir des interventions préventives. La revue des principaux modèles explicatifs en prévention (le modèle biomédical unicausal ou multicausal, le modèle de la santé communautaire et le modèle écologique) nous indique qu'il y a suffisamment de connaissances accumulées. En effet, ces modèles ont mis en relief un ensemble de conditions négatives (facteurs de risques, événements stressants, environnements nocifs, facteurs organiques) et de conditions positives (accès à un réseau de support, compétence, estime de soi, climat social, environnements accueillants) reliées au bien-être ou à la mésadaptation. Bien sûr, à cause de différends de nature idéologique, il ne saurait y avoir un seul modèle explicatif des troubles mentaux et des problèmes psychosociaux. Mais cette revue confirme que nous sommes dorénavant prêts à vérifier sur le terrain la validité de ces divers modèles et la pertinence de leurs suggestions d'intervention préventive.

Notre recension des écrits se limite au programme de prévention ayant fait l'objet d'une évaluation systématique. Il faut préciser que notre but n'était pas de vérifier s'il y a eu des tentatives d'implantation d'interventions de prévention en ce qui concerne l'ensemble des troubles mentaux et des problèmes psychosociaux. Nous ne pouvons donc conclure à la faisabilité de telles interventions ni à la disponibilité de modèles et de données permettant une telle implantation pour chacun des problèmes de santé mentale. Mais après avoir analysé près de cinquante (50) documents de recherche, nous pouvons indiquer s'il est possible d'arriver à une certaine efficacité dans des programmes de prévention en santé mentale.

À première vue, le nombre trop peu élevé de recherches en ce domaine nous amène à nuancer nos conclusions. Nous ne pouvons donc pas vraiment nous prononcer sur l'efficacité de programmes spécifiques vu l'état préliminaire des travaux qui, somme toute, sont assez récents. Certaines études gagneraient d'ailleurs à être reprises dans d'autres conditions avant de conclure à leur efficacité et de généraliser leur emploi.

De ce petit nombre de recherches portant sur la prévention auprès des adultes, aucune n'a pu répondre aux critères méthodologiques exigés pour s'assurer de la validité et de la constance des résultats.

Rappelons en outre que certains troubles mentaux ou problèmes psychosociaux n'ont fait l'objet d'aucune recherche évaluative en prévention.

Notre recension nous permet cependant de conclure de façon générale :
1. à la faisabilité de développer des programmes de prévention pour adultes ;
2. à la popularité assez grande de ces interventions ;
3. à la satisfaction des participant(e)s et des intervenant(e)s.

Comme ces critères généraux sont insuffisants pour se prononcer sur l'efficacité, nous avons choisi de faire une synthèse de nos conclusions dans une première partie, problème par problème, c'est-à-dire en parlant de prévention réactive, et dans une deuxième partie, en parlant de promotion.

La prévention des troubles mentaux ou des problèmes psychosociaux

La dépression :
— Les gens faiblement ou modérément déprimés retirent des avantages de la participation à un programme de prévention de bibliothérapie, avantages qui se maintiennent quelques mois.
— Cette approche attire aussi les gens plus déprimés pour lesquels elle se révèle cependant inefficace.
— Des personnes plus déprimées ont profité quelque peu de l'écoute de messages télédiffusés sur les façons de faire face aux

problèmes même si elles ont peu essayé les nouveaux comportements suggérés.

— Les messages télédiffusés sont en général peu écoutés et la rencontre d'un intervenant (à une reprise) semble nécessaire au maintien de la participation à un programme de bibliothérapie.

La violence familiale et conjugale :

— Ces programmes de prévention réussissent à rejoindre des clientèles qui sont habituellement réticentes aux services traditionnels.

— Les familles à risques profitent de leur participation et la violence vécue au sein de la famille diminue un peu alors que l'impact positif se fait plus sentir au niveau du comportement des enfants.

— Deux approches ont été étudiées : l'identification de familles à risques qui reçoivent des visites à domicile après la naissance d'un bébé et une intervention de crise suivant immédiatement l'appel du policier.

L'alcoolisme et la toxicomanie :

— D'après les recherches évaluatives disponibles, les programmes préventifs actuels se révèlent impuissants à modifier les comportements d'abus. Mais vu les faiblesses méthodologiques sérieuses, ces résultats ne représentent pas nécessairement le potentiel réel de ces approches.

— Seule l'utilisation de campagnes de prévention par l'entremise des mass média a été évaluée. On propose cependant qu'un programme multimédia impliquant des contacts personnels pourrait être plus intéressant, surtout chez les adolescents.

La séparation ou le divorce :

— Le programme étudié améliore de façon notable l'état général des participant(e)s.

— La stratégie retenue est l'entrée en contact par l'intermédiaire d'une animatrice paraprofessionnelle et la création de liens d'entraide.

Le décès du conjoint ou d'un membre de la famille :

— L'intervention de crise par un professionnel se révèle inefficace et surtout très peu populaire dans les cas de deuil soudain.

— Le groupe d'entraide ou le support non directif par un professionnel s'avère la forme d'aide efficace.

Les tentatives de suicide:

— Vu que ces programmes utilisent le plus souvent comme critère de succès la diminution du nombre de suicides, ils se révèlent rarement efficaces. Mais ils aideraient toutefois, d'une autre manière, des suicidaires chroniques, ce qui n'est pas évalué cependant.

— Les stratégies utilisées sont en majorité la création de centre de crise mais on note aussi le recours à du personnel paraprofessionnel, par exemple, dans des résidences d'étudiant(e)s.

— On conclue en général que la prévention primaire du suicide s'avère difficile et que l'on devrait se pencher sur la prévention des tentatives de suicide et la prévention secondaire auprès des suicidaires chroniques.

Les crises multiples:

— Même s'il s'avère efficace, un tel programme est très difficile à mettre sur pied à cause des problèmes de recrutement, ce qui le rend beaucoup moins intéressant.

— Il s'agit d'une série de six(6) rencontres de groupe s'adressant à des gens ayant vécu deux crises et plus, rencontres animées par un professionnel.

Par ailleurs, notre revue bibliographique ne nous a pas permis de trouver des recherches évaluatives sur la prévention des problèmes de psychoses ou sur d'autres troubles mentaux ou problèmes psychosociaux. Il ne faut pas en conclure qu'il est impossible de prévenir ces problèmes, mais plutôt que l'on n'y a pas encore consenti d'efforts malgré les possibilités identifiées par les modèles biomédicaux, de santé communautaire et écologiques.

Soulignons que nous devrions voir au cours des prochaines années des évaluations de programmes de prévention axées sur d'autres événements stressants comme la perte d'emploi mais aussi sur des conditions environnementales négatives comme le climat social déficient, les désastres écologiques. Il existe déjà des programmes de prévention s'intéressant à ces questions.

La promotion de la santé mentale

Dans cette deuxième partie, nous parlerons des programmes s'adressant à des personnes ou à des communautés relativement bien portantes voulant se prémunir contre les difficultés ou encore s'assurer une meilleure qualité de vie. Nous ferons état des connaissances sur l'efficacité des programmes de promotion s'adressant à diverses clientèles.

Les femmes :

— Les programmes visant à faire acquérir une meilleure estime d'elle-même et à développer des liens de solidarité s'avèrent efficaces. Ils réussissent également à rejoindre les femmes isolées ou démunies.

— Les programmes s'intéressant à la nouvelle mère et à ses premiers contacts avec son nourrisson sont également efficaces.

— Les stratégies évaluées comprennent dans le premier cas des rencontres de groupe visant à faire acquérir des habiletés, la création de groupe d'entraide et de défense des droits, des activités de rencontres informelles avec d'autres femmes et avec des animatrices non professionnelles au sein de centres communautaires ; dans le deuxième cas, il s'agit de programmes de cohabitation mère-nourrisson avec possibilité de visites de la famille, suivis ou non de visites à domicile de la part de professionnel(le)s ou encore consistent simplement à des visionnements de films.

Les étudiant(e)s de niveau collégial ou universitaire :

— Un programme arrive à des résultats positifs mais modestes. Il y a selon l'auteur, un taux de survie à la vie universitaire un peu plus élevé dans le groupe qui a participé et d'ailleurs ces étudiant(e)s disent avoir beaucoup appris.

— Le « feedback » rapide et individualisé à partir de questionnaires et la comparaison avec un groupe de pairs a été la méthode d'intervention utilisée.

Les couples :

— Des synthèses dans ce domaine permettent de conclure que de tels programmes, surtout après le mariage, ont des impacts positifs quoique modestes.

— Les interventions axées sur l'acquisition et la pratique d'habileté en petit groupe semblent plus prometteuses. Les conférences en grand groupe sont les moins efficaces.

Les familles :

— Ces programmes peu évalués s'avèrent modestement efficaces d'après les responsables. Les approches plus formelles ou éducatives n'attirent cependant pas les gens peu préparés aux discussions de groupe ou encore les familles qui n'ont vraiment aucun problème.

— Les stratégies qui ont été évaluées sont des rencontres éducatives de groupe sur des thèmes précis où il y a animation par des professionnel(le)s. Le taux d'abandon y est très élevé. Les autres stratégies (réunion d'une famille, groupe de quelques familles de voisinage) n'ont pas été évaluées et nous n'avons que des descriptions anecdotiques.

Les parents:

— Il s'agit dans la majorité des cas de programmes éducatifs visant à faciliter la communication avec l'enfant. Seul le programme de Guerney semble quelque peu efficace, les études relatives aux autres programmes ayant trop de problèmes méthodologiques pour être concluantes. Par ailleurs, on trouve des expériences de formation de groupe d'entraide pour parents de nouveau-né qui réussissent à modifier positivement le système de support de ces personnes.

Les communautés:

— La recherche évaluative est vraiment embryonnaire en ce qui a trait au travail auprès des communautés. D'ailleurs, le nombre de variables en jeu explique ces difficultés.

— Il s'avère cependant possible 1) de modifier les attitudes de la population par rapport à la santé mentale; 2) d'impliquer les citoyen(ne)s dans des groupes voués à la santé mentale; 3) de bien utiliser des ressources humaines jusque-là ignorées; 4) de former des liens entre les systèmes d'aide professionnelle et d'aide non professionnelle.

— Les stratégies sont l'éducation de masse par la télévision et la radio ainsi que l'organisation communautaire, c'est-à-dire la création de groupe de citoyen(ne)s intéressé(e)s à la santé mentale.

Conclusion

Malgré le peu de recherches évaluatives dans le domaine de la prévention, nous tenons à souligner le potentiel de cette approche tant en ce qui concerne la prévention réactive que la promotion. Nous ne pouvons cependant pas proposer l'utilisation de tels ou tels programmes déjà disponibles parce qu'il y a trop peu de recherches concluantes. Nous suggérons plutôt de développer des stratégies s'inspirant des ingrédients que les auteurs associent à l'efficacité de leurs interventions et de contribuer par la recherche évaluative au développement des connaissances.

Deuxième partie

L'efficacité des psychothérapies, de la thérapie électroconvulsive et des médicaments

Selon le National Institute of Mental Health, il existe près de 250 sortes de psychothérapies et le nombre de personnes qui ont recherché de l'aide d'un professionnel de la santé mentale a augmenté de huit fois entre 1955 et 1980. Devant cette énorme croissance des activités psychothérapeutiques, il devient inévitable qu'un examen minutieux des scientifiques, des professionnels et du grand public doit porter sur l'efficacité des psychothérapies. D'un point de vue politique et économique, un porte-parole du comité des finances du gouvernement américain a rapporté en 1980: « Il semble improbable que le congrès américain voudra aller plus loin avec une couverture plus large des services en santé mentale avant d'avoir l'assurance que les dépenses encourues visent à donner une aide réelle pour les gens qui ont des problèmes réels de santé ». Les membres du Comité de la santé mentale du Québec se posent la même question.

De façon simple, considérons combien de formes de psychothérapies et combien de classes de patients pourraient être incluses dans une matrice expérimentale. Devons-nous prendre littéralement la liste des 250 sortes de psychothérapies récemment identifiées? Devons-nous accepter la classification de l'association américaine de psychiatrie (DSM-III) qui contient au-dessus de 150 groupes diagnostiques de troubles mentaux? Considérons les conséquences: une approche systématique avec 250 types de thérapie et 150 classes de troubles mentaux requerraient approximativement 4,7 millions de comparaisons. Il est évident qu'une simplification du travail doit être faite.

Le présent rapport présente un résumé des recherches sur l'efficacité des psychothérapies, qui, d'après nous, sont les plus pratiquées au Québec. Pour plus de clarté, nous nous sommes inspirés de la classification générale de London et Klerman qui divise les psychothérapies selon les quatre grandes classes suivantes:

1. La plus grande classe de psychothérapies est celle qui inclut plus ou moins exclusivement le dialogue verbal. Cette classe comprend presque tous les traitements qui coiffent le titre de counseling, de casework, de thérapies par insight, de thérapies orientées vers le client, d'entrevues ou de consultations psychiatriques ou psychologiques, d'encounter group, de thérapies existentielles et/ou humanistes, de thérapies rationnelles-émotives, l'analyse transactionnelle et la plupart des formes de psychothérapie de groupe et de thérapie comportementale de même que la thérapie de couple et de famille.

2. Une deuxième classe d'activités psychothérapeutiques utilise également les interactions verbales comme la principale technique de traitement, mais ces interactions sont utilisées dans une forme plus dramatique ou inhabituelle que celles qu'on retrouve dans la conversation conventionnelle et sont souvent combinées avec des méthodes comportementales spécifiques de réentraînement ou d'état altéré de la conscience. Cette catégorie inclut le psychodrame, la gestalt thérapie, l'entraînement à l'affirmation de soi, les techniques de relaxation, les thérapies sexuelles, le cri primal et la thérapie cognitive.

3. Une troisième classe de traitement par psychothérapie utilise de façon active des manipulations physiques ou chimiques de l'organisme. Cette classe inclut les thérapies aversives, les électrochocs, le biofeedback et la thérapie bioénergétique.

4. Le quatrième groupe des psychothérapies ajoute une intervention biologique au niveau du cerveau par l'utilisation des drogues psychotropes ou d'autres méthodes.

Cette liste, bien sûr, n'inclut pas toutes les formes de psychothérapies.

Elle représente cependant la plupart des traitements psychologiques qui sont utilisés par des psychiatres, des psychologues, des travailleurs sociaux, des infirmières et des conseillers, de même que par d'autres personnes qui réclament avoir une certaine expertise dans ce domaine.

Compte tenu de la situation au Québec, nous avons donc retenu les techniques suivantes qui, selon nous, représentent les méthodes les plus utilisées dans notre milieu. Ce sont : la psychanalyse et les techniques psychothérapeutiques qui en découlent comme les thérapies d'orientation analytique, la thérapie brève et la thérapie de groupe ; les thérapies comportementales ou behaviorales et les thérapies cognitives ; la thérapie rogérienne ; la thérapie familiale et la thérapie de couple; la thérapie gestalt; la bioénergétique; le psychodrame, l'analyse transactionnelle et le cri primal.

Après avoir analysé près de 400 rapports, résumés et travaux de recherche, que devons-nous conclure de toutes ces données? Que l'essentiel du débat autour de la recherche sur l'efficacité de la psychothérapie est purement polémique. Les sceptiques et les critiques de la psychothérapie présentent des données qui démontrent que la psychothérapie ne fonctionne pas alors que les croyants et les avocats de la psychothérapie recherchent désespérément des failles méthodologiques pour les réfuter et ainsi prouver que celle-ci donne des résultats. Il est temps de mettre fin à ce débat. Une recherche clinique de haute qualité coûte énormément d'argent et prend beaucoup de temps, mais elle s'avère nécessaire avant d'arriver à des conclusions définitives concernant l'efficacité de la psychothérapie.

Efficacité en fonction des techniques utilisées

L'étude des différents travaux nous amène à tirer cinq conclusions principales à ce sujet:

1. La psychothérapie est définitivement plus efficace que le placebo. La question est de savoir combien elle est plus efficace.
2. La littérature ne supporte pas la conclusion que des traitements à long terme soient plus efficaces que des traitements à court terme.
3. Aucune donnée claire n'a émergé pour montrer de façon concluante la supériorité d'une modalité de psychothérapie sur une autre avec l'exception possible de la thérapie comportementale dans le traitement de certains états phobiques particuliers.
4. Pour diverses raisons méthodologiques ou autres, les études sur l'efficacité des psychothérapies ne procurent pas de données solides pour démontrer leur efficacité. Jusqu'à maintenant, les recherches conduites avec une vigueur méthodologique maximale sont disséminées et très peu nombreuses.
5. Une recherche par ordinateur à partir de 1964 corrobore le fait qu'il n'existe pas d'études contrôlées et comparatives sur l'efficacité de la thérapie gestalt, de la bioénergétique et du cri primal.

Efficacité en fonction des professionnels impliqués

D'après les écrits recensés, il semble que les qualités personnelles du thérapeute et du patient et leur interaction peuvent être plus importantes que la méthode thérapeutique elle-même. Parce que ces facteurs varient tellement et qu'ils sont difficilement contrôlables, il devient plus difficile de détecter ces effets dans les études sur les psychothérapies. Il faut donc davantage de recherches pour évaluer plus clairement ces composantes dans les traitements psychologiques.

Efficacité en fonction des problèmes en cause

Plusieurs thérapeutes et chercheurs disent qu'il est inutile de parler des psychotérapies appliquées indistinctement à toutes sortes de troubles et dont l'efficacité est mesurée de plusieurs façons différentes. La seule question que l'on devrait se poser, c'est : « Est-ce que tel type de thérapie adaptée à une pathologie particulière est plus efficace que telle autre méthode face à la même pathologie ? ». Selon le National Institute of Mental Health, l'évidence de la recherche ne répond pas actuellement à la question « Quelles sortes de psychotérapies sont les plus efficaces pour telles sortes de problèmes ? ». En effet, selon cet organisme, près de 500 études contrôlées ont démontré, avec presque toute la même régularité monotone, que toute forme de traitement psychologique est efficace de façon comparable pour produire des bénéfices thérapeutiques avec des désordres particuliers. De plus, de tels bénéfices sont supérieurs à ceux qu'on a retrouvés dans les groupes comparables de patients qui participaient à des groupes sans traitement ou à d'autres conditions de contrôle. Les désordres qui répondent à la psychothérapie incluent habituellement les dépressions névrotiques chez des malades ambulatoires, des anxiétés légères et modérées, les peurs et les phobies, les compulsions, les dysfonctions sexuelles, les réactions ou crises de la vie comme à l'adolescence, au milieu de la vie ou chez les personnes âgées de même que les problèmes de la vie quotidienne comme des ajustements vocationnels et conjugaux. Beaucoup moins d'attention a cependant été donnée au fait que dans les dernières années, le rôle de la psychothérapie comme traitement primaire pour les malades chroniques et fortement troublés a changé. Avec de rares exceptions, les traitements psychologiques ne sont plus offerts comme une modalité exclusive dans le traitement de la schizophrénie, de l'autisme, de la psychose maniaco-dépressive, des comportements antisociaux, de l'alcoolisme et de l'abus des drogues, de même que dans des troubles d'apprentissage sévère. Pour de tels désordres, les thérapies psychologiques sont la plupart du temps administrées en même temps que des interventions pharmacologiques et environnementales et servent surtout à faciliter l'approche, le support et la réhabilitation des patients.

Dans la littérature, nous n'avons retrouvé qu'un seul article qui évalue l'efficacité selon les catégories diagnostiques. En effet, Epstein et Vlok (1981) ont été les seuls à évaluer l'efficacité en fonction des problèmes en cause. Leurs conclusions ont été les suivantes:

1. Schizophrénie:

   En résumant des travaux rapportés sur la schizophrénie, il leur semble que la psychothérapie avec les patients schizophrènes est efficace lorsqu'elle complète d'autres thérapies comme les médicaments et quand elle s'adresse à des facteurs spécifiques de la réalité qui sont reliés à la vie quotidienne du malade plutôt qu'à des thèmes psychologiques plus généraux. Utilisée de cette façon chez des patients traités en externe, la psychothérapie peut contribuer de façon significative à diminuer le taux de rechutes.

2. Dépression:

   Selon ces auteurs, chez les patients qui souffrent de dépression névrotique, la combinaison de la psychothérapie avec les antidépresseurs est plus efficace que l'un ou l'autre traitement seul. La psychothérapie s'est montrée particulièrement bénéfique pour les malades qui ont des problèmes d'ajustement social et de relations interpersonnelles.

3. Les névroses:

   Les psychothérapies semblent particulièrement utiles dans les états d'anxiété avec des peurs et des phobies et dans certaines dépressions névrotiques. Certaines études semblent préférer les techniques de thérapie comportementale plutôt que d'autres types de thérapies pour ce genre de problème. Ainsi, un rapport du National Institute of Mental Health résumant la pensée de 22 des principaux chercheurs dans ce domaine affirme que les traitements par exposition sont généralement les plus efficaces dans le cas des problèmes d'anxiété. D'après les résultats obtenus dans plusieurs recherches, l'exposition in vivo et progressive aux situations anxiogènes permet d'obtenir des résultats cliniquement significatifs dans 60 à 70 % des cas d'agoraphobie alors que ce problème était auparavant considéré comme pratiquement insoluble. De plus, il apparaît que, dans le cas des phobies cliniques, ce traitement donne de meilleurs résultats ou, tout au moins, des résultats équivalents à l'utilisation de médicaments sans entraîner les effets secondaires négatifs. La même méthode d'exposition aux situations anxiogènes, associée à une méthode de prévention de la réponse, permet de traiter efficacement les comportements obsessifs-compulsifs, un autre problème considéré auparavant comme étant presque insoluble. Le taux d'efficacité de ce traitement dans ces cas serait d'environ 50 %.

4. Alcoolisme :

    Toujours selon Epstein et Vlok, il semble qu'actuellement une psychothérapie formelle n'influence pas l'abstinence des alcooliques, mais semble améliorer les chances pour diminuer la consommation d'alcool et améliorer l'adaptation du patient.

5. Troubles de caractère :

    Les études de la psychothérapie avec des malades antisociaux ou souffrant de troubles de caractère démontrent que les interventions thérapeutiques ont peu d'effet. Le rapport de NIMH mentionne que 35 à 45 % des adolescents antisociaux deviendront des adultes antisociaux. Aucune intervention psychiatrique précoce n'a démontré une modification du cours de ce désordre sérieux.

Efficacité en fonction des groupes socio-économiques

Si la psychothérapie pour des malades névrotiques de classes socio-économiques moyenne ou élevée donne assez souvent de bons résultats, il en est tout autrement lorsque la psychothérapie s'adresse à des malades de groupes socio-économiques faibles ou encore lorsqu'elle s'attaque à des troubles psychologiques sérieux. En effet, pour être efficace dans des problèmes graves, la psychothérapie doit jouer surtout un rôle secondaire ou accessoire.

Il est malheureux qu'aucune étude comparative n'ait été faite sur l'efficacité de différents types de psychothérapie en fonction des résultats obtenus chez les divers groupes socio-économiques. À partir des sources consultées, il semble se dégager que les thérapies humanistes comme la psychothérapie d'orientation analytique, la thérapie rogérienne, la thérapie gestalt, l'analyse transactionnelle, etc. soient surtout applicables pour les groupes socio-économiques moyens et élevés, alors que la thérapie familiale, la thérapie comportementale et la thérapie de groupe peuvent fonctionner avec toutes les classes de la société.